Dados de Catalogação na Publicação (CIP) Internacional
(Câmara Brasileira do Livro, SP, Brasil)

Resende, Ênio J., 1938-
  Cidadania: o remédio para doenças culturais brasileiras / Ênio J. Resende. — São Paulo: Summus, 1992.

  ISBN 85-323-0426-5

  1. Cidadania — Brasil 2. Cultura — Brasil 3. Participação política — Brasil 4. Política e educação I. Título.

92-2504   CDD-323.60981

Índices para catálogo sistemático:
1. Brasil: Cidadania: Ciência política 323.60981

ÊNIO RESENDE
CIDADANIA

O REMÉDIO PARA AS DOENÇAS CULTURAIS BRASILEIRAS

Cultura Inflacionária • Cultura da Esperteza • Cultura do Imediatismo • Cultura da Transferência de Responsabilidade • Cultura do Negativismo • Cultura da Baixa Auto-Estima • Cultura da Vergonha do Patriotismo • Cultura do Piadismo ou Rir da Própria Desgraça • Cultura do Desperdício • Cultura do Emocionalismo e da Ciclotomia • Cultura do Fisiologismo • Cultura do Teorismo e do Tecnicismo • Cultura do Corporativismo • Cultura do Conformismo

CIDADANIA
O remédio para as doenças culturais brasileiras
Copyright © 1992
by Ênio J. Resende

Capa de:
Isabel Carballo

Proibida a reprodução total ou parcial
deste livro, por qualquer meio e sistema,
sem o prévio consentimento da Editora.

Direitos desta edição
reservados por
SUMMUS EDITORIAL LTDA.
Rua Itapicuru, 613 – cj. 72
05006-000 – São Paulo, SP
Tel.: (011) 3872-3322
Fax: (011) 3872-7476
http://www.summus.com.br
e-mail: summus@summus.com.br

Impresso no Brasil

HOMENAGENS

Sendo um dos objetivos deste livro estimular o exercício da cidadania e demonstrar sua importância como um meio de efetivar a participação da sociedade na solução dos problemas do país e no seu desenvolvimento; e considerando que há muito por fazer com o objetivo de despertar a consciência de cidadania nos brasileiros, gostaríamos de homenagear pessoas e organizações que têm feito algo de concreto e positivo nesse sentido:

Jornalista Alexandre Machado; líder comunitária Josephine Baccariça e sua equipe; dirigentes do PNBE — Pensamento Nacional das Bases Empresariais; dirigentes e membros do GERH — Grupo de Estudos de Recursos Humanos; dirigentes do Movimento "Opção Brasil"; dirigentes da OAB — Ordem dos Advogados do Brasil; dirigentes da Comissão de Justiça e Paz da Diocese de São Paulo; CNBB — Conferência Nacional dos Bispos do Brasil; dirigentes da AVAPE — Associação de Valorização e Promoção de Excepcionais; dirigentes do Bamerindus; dirigentes da R.B.S. — Rede Brasil Sul.

Estamos certos de que existem muitas outras pessoas e organizações se dedicando à cidadania, em todo o Brasil, que deveriam estar aqui relacionadas. Deixam de sê-lo por falta de informações de nossa parte. Porém, gostaríamos que elas se sentissem também homenageadas.

Vários jornalistas mereceriam ser homenageados por sua atuação especial durante os esclarecimentos das denúncias de corrupção referentes aos casos "PC", "PP", INSS e seus desdobramentos. Para evitar o risco de cometer injustiça, vamos homenagear o jornalista Bóris Casoy, representando todos, por sua firme posição traduzida pela consagrada frase "Este é o momento de passar o Brasil a limpo".

AGRADECIMENTOS

    José Ribeiro Caldas Filho tem sido revisor e crítico de todos os nossos livros, porque é muito competente nessa tarefa e sempre se mostrou muito atencioso para com nossa solicitação. Já aprendemos a nos sentir seguros com suas correções de linguagem e com suas boas sugestões para aprimoramento do texto.
    Convidamos F. Pinato Neto para ser revisor e crítico do nosso último trabalho e, por ter-nos surpreendido com a precisão e qualidade de suas observações, apelamos para sua participação também neste livro. Aquiesceu com sua peculiar gentileza e, novamente, contribuiu significativamente para aperfeiçoar a forma e o conteúdo de nossa obra.
    Ribeiro, Pinato e Guido sabem do grande débito de gratidão que temos para com eles. José Guido Gomes tornou-se nosso mais novo crítico e soube desempenhar esta função com muito critério e propriedade. Também ofereceu importantes contribuições para aprimorar o livro.

SUMÁRIO

Introdução 9

PRIMEIRA PARTE

AS DOENÇAS CULTURAIS QUE FRAGILIZAM A SOCIEDADE BRASILEIRA

I	As doenças culturais	15
II	Cultura inflacionária	18
III	Cultura da esperteza	23
IV	Cultura da transferência de responsabilidade	27
V	Cultura do imediatismo e superficialismo	30
VI	Cultura do negativismo	32
VII	Cultura da baixa auto-estima	35
VIII	Cultura da vergonha de cidadania e patriotismo	38
IX	Cultura do piadismo ou do rir da própria desgraça .	40
X	Cultura do emocionalismo e da ciclotimia	42
XI	Cultura do desperdício	46
XII	Cultura do teorismo e do tecnicismo	48
XIII	Cultura do corporativismo	51
XIV	Cultura da politicagem, fisiologismo e nepotismo....	54
XV	Cultura do conformismo	59
XVI	Uma síntese final	61

Segunda Parte

CIDADANIA E OUTROS AVANÇOS CULTURAIS

XVII	Aperitivos	65
XVIII	Cidadania: um desafio educacional	67
XIX	Transformando indivíduos em cidadãos	70
XX	O C.C.Q. como modelo para organização de grupos de cidadania	74
XXI	Exemplos de grupos e associações voltadas para a cidadania	79
XXII	Motivação para a cidadania	85
XXIII	A imprensa e a cidadania	87
XXIV	Ombudsman, Kaisen, realizações e positividade.......	90
XXV	Considerações gerais e finais	93

INTRODUÇÃO

Este livro compõe-se de anotações de um observador atento a fatos e comportamentos da vida brasileira que resultaram num diagnóstico parcial, mas acreditamos significativo, da problemática econômica, social, política, cultural e moral reinante no Brasil. As informações apresentadas na primeira parte, caracterizada como diagnóstico (doenças culturais), não são resultantes de estudos especiais ou pesquisas de campo, mas apenas de observações e análises processadas e arquivadas mentalmente. Estamos certos, porém, de que elas serão validadas pelo reconhecimento de sua veracidade por parte dos leitores. As situações descritas são identificáveis sem maiores dificuldades. Eventuais dúvidas ou divergências poderão ocorrer, mas em relação a comentários feitos pelo autor.

Tais anotações foram complementadas por idéias, sugestões e propostas de solução, ora práticas (ainda que, às vezes, ousadas), ora idealistas, de um cidadão otimista em relação ao seu país, mas também inconformado com a situação de impasse em que ele se encontra, bem assim com a insensatez de uma elite dominante que, ao invés de empenhar-se para ajudar a tirar a nação de suas dificuldades, para o bem de todos, mais freqüentemente opta por aproveitar-se dela para obter proveitos particulares. De um cidadão inconformado, ainda, com a apatia e o conformismo da sociedade diante dos abusos e afrontas a que tem sido submetida por grande parte dessa mesma elite.

Dois motivos principais nos deram motivação e disposição para empreender este trabalho: o primeiro foi a verificação de que as duas questões centrais aqui tratadas — *fraquezas culturais da sociedade brasileira* e *cidadania*, uma representando parte do referido diagnóstico; a outra, constituindo parte da sua solução — não freqüentam, de maneira mais constante e consistente, os artigos, as crônicas e os debates dos jornais e revistas de maior circulação, bem como das emissoras de rádio e TV de maior audiência. E quando focalizados em livros, o são de forma demasiado hermética e intelectualizada, ficando sua leitura restrita a poucos estudiosos.

O segundo motivo foi a constatação de que, de maneira crescente, nas ruas, nos escritórios, nos consultórios, nos bares, em todos os lugares, enfim, as pessoas manifestam a vontade de ver o povo brasileiro superar a apatia e o conformismo, agindo no sentido do combate à corrupção, às espertezas generalizadas e à impunidade; em favor do surgimento de uma nova classe política que aperfeiçoe, em prol do país, as leis e instituições, e formem governos éticos e competentes. Essas mesmas pessoas revelam, em contrapartida, seu ceticismo e desânimo por não enxergarem quem conduza esse processo de transformações, visto que perderam a crença nas suas lideranças e nos propósitos das organizações políticas existentes.

Por força das duas razões apontadas, ao decidirmos escrever este livro, ficou implícita nossa disposição de vê-lo transformado num instrumento capaz de: a) multiplicar a motivação para a cidadania, a nosso ver a mais importante e eficaz arma democrática de que dispõe a população para mudar as instituições do país por sua conta, vontade e dever; b) suscitar e estimular as lideranças formais e informais da sociedade brasileira a participarem dessa campanha de motivação. O que implica um trabalho complementar de busca de apoio de quem possa ajudar a carregar a bandeira que este trabalho se propõe ser.

O livro contém diversas observações em tom de censura, a maioria das quais direcionadas às elites dominantes e influentes da sociedade, abrangendo suas diferentes representações. Porém, não faz parte de seus objetivos ser uma obra de cunho crítico, até porque quase não existe ironia contida nelas. Essas críticas são necessárias porque servem para explicar as causas e as manifestações das doenças culturais, tais como as percebemos.

Abordamos temas que não fazem parte de matérias que compõem o currículo de nossa especialização profissional. Todavia, interessados que temos sido pelas questões políticas, econômicas, sociais e culturais para melhor entender as crises brasileiras, dedicamo-nos ao seu estudo na condição de autodidata. Assim é que, além de livros e revistas especializadas, chegamos a ler centenas de artigos assinados por economistas, cientistas políticos e sociais, juristas, empresários, jornalistas e políticos. Como também temos assistido, atentamente, a outro tanto de entrevistas e debates envolvendo personalidades destas mesmas categorias profissionais, nos mais sérios programas de TV, nos finais de noite e início de madrugada, durante vários anos.

Essa formação autodidata não chegou, como é natural, ao ponto de proporcionar domínio técnico das matérias, limitando-se a uma visão geral de seus elementos mais fundamentais. Daí esperarmos contar com a compreensão e condescendência dos especialistas, para eventuais deslizes técnicos ou conceituais.

A nossa preocupação maior foi trazer para exame, reflexão e debate da sociedade questões relevantes e oportunas, não apresentadas até agora de maneira conjunta e relacionada como aparecem neste livro.

Diversos assuntos aqui tratados certamente parecerão comuns, para muitos leitores, enquanto vistos isoladamente. Alguns deles encontram-se na boca do povo e são mencionados em matérias jornalísticas. Outras, nem tanto. Todavia, tratados de maneira esparsa, dispersa e superficial, não denotam, insistimos em dizer, a importância com que devem ser encarados, tendo em vista o peso que têm no conjunto das causas dos problemas brasileiros.

No mais, gostaríamos de reiterar o nosso desejo de poder contribuir para despertar uma nova consciência e suscitar um novo ânimo nos brasileiros. Nosso país tem estado muito parado, repetitivo e monótono. O Brasil está desperdiçando muito tempo na sua caminhada em busca do progresso, bem como um imenso potencial que lhe permite ser uma nação mais evoluída. E os brasileiros merecem uma vida de melhor qualidade. Mas eles precisam sair do seu comodismo e participar com maior intensidade da solução dos problemas que os afetam e da criação das condições necessárias para permitir-lhes uma vida mais digna e feliz.

Urge fazer a cidadania tornar-se uma realidade no Brasil.

PRIMEIRA PARTE

As doenças culturais que fragilizam a sociedade brasileira

I

AS DOENÇAS CULTURAIS

O jeito foi mergulhar nos arquivos de nossa mente para buscar registros e associar idéias que pudessem ajudar a esclarecer o impasse da crise do país. Nosso inconformismo diante das situações não resolvidas e nossa curiosidade intelectual nos levaram a procurar explicações mais consistentes para a confusa realidade brasileira, já que os fatos aparentes e as justificativas para eles, apresentadas pelos analistas e especialistas têm sido, quase sempre, de cunho imediatista, casuístico e com visão conjunturalista.

Desde a crise de 1981/82, temos acompanhado mais de perto os esclarecimentos e interpretações a respeito das variáveis de natureza econômica, política, social, institucional e moral que interferem na vida do país. Durante todo esse tempo temos lido grande número de artigos e assistido a entrevistas e debates envolvendo especialistas de diferentes matérias, abrangendo as várias linhas de pensamento e as diversas tendências ideológicas, os quais analisaram situações, emitiram opiniões e ofereceram soluções para os problemas do Brasil. Nem assim, contudo, escapamos de perder uma década — com todas as conseqüências que demonstraremos em outro capítulo — do fracasso de tantos planos econômicos, do descrédito de tantos governos, com a substituição de muitas de suas equipes técnicas.

Em nossa "pesquisa" particular, ficou evidente um outro aspecto da problemática do país que não tem sido devidamente considerada. Nele, nada encontramos de totalmente inédito. Apenas dados e fatos não suficientemente percebidos ou valorizados. Que poderão até vir a ser taxados de óbvios. Uma explicação para isso pode ser a de que os economistas, juristas e empresários mais propensos a imediatismos e casuísmos, têm ocupado demasiado espaço na mídia, ofuscando, em parte, as observações, ou inibindo ações e manifestações de sociólogos, psicólogos e de outros especialistas mais voltados para o comportamento humano e social.

Concluímos que a crise do Brasil mantém-se num infindável impasse, em virtude, fundamentalmente, de diversos fatores culturais. Consideramos tão significativa e relevante essa constatação que não pudemos deixar de cogitar da conveniência de publicá-la, apesar de o assunto fugir um pouco das matérias sobre as quais estamos acostumados a escrever.

Tal constatação consiste na identificação do que estamos chamando de *doenças culturais da sociedade brasileira*, tema principal deste livro, ao lado da questão da cidadania. Denominamos doenças culturais às diversas formas de comportamento social a seguir descritas porque, durante as últimas décadas de crise, houve grande propagação e agravamento de seu caráter maléfico, a exemplo de um mal orgânico que se prolifera como uma epidemia e deixa parte da população enferma. No caso, enfermidade moral e psicológica, que vem provocando crescentes danos à sociedade.

Após catalogarmos aproximadamente vinte delas, fizemos um esforço para caracterizá-las e descrevê-las. Entretanto, neste trabalho, estaremos analisando as quatorze que mais se relacionam com as crises institucional, econômica, política, social e moral do Brasil. Algumas dessas doenças culturais agravam-se por influência de outras, numa relação direta de causa e efeito, como se verá.

Verifica-se que os problemas do país são quase sempre focalizados apenas em relação às suas conseqüências e em seus aspectos emergenciais. Além dos motivos acima mencionados, talvez em razão, também, da grande força e presença da imprensa noticiosa, de um lado, e da pouca ocorrência ou divulgação de análises e estudos das causas primeiras dos problemas, de outro. Uma das resultantes negativas desse imediatismo e superficialismo no enfoque das questões é a tendência de perder-se a objetividade nos exames e debates dos problemas que afligem o país e, conseqüentemente, de se deixar de resolvê-los, ou de se fazê-lo equivocada ou parcialmente. Assim é que os noticiários, os comentários e discussões evidenciam o agravamento da pobreza, a desvalorização dos salários, o desemprego, os escândalos de corrupção, o aumento da criminalidade, a decadência das instituições, especialmente daquelas que lidam com o ensino, a saúde e a justiça — que constituem os efeitos. Mas não focalizam com a devida abrangência, profundidade e persistência, as causas mediatas e básicas, que são fundamentalmente aquelas de natureza cultural e comportamental. A inversão de prioridades que privilegia a ênfase nos problemas em si e suas conseqüências, em detrimento da análise e identificação das suas causas e a busca de solução para as mesmas, certamente constitui uma das principais explicações para o fato de a crise brasileira estar se prolongando tanto e de os problemas crônicos serem tão numerosos.

Assim, por estar voltado, em sua maior parte, para o exame das causas mais fundamentais das diversas crises brasileiras, e por enfocar aspectos ainda pouco ressaltados pelos seus analistas, este trabalho poderá ter o mérito de reunir e caracterizar — talvez de forma inédita e com tratamento um pouco mais objetivo e didático — as variadas facetas do caráter e comportamento dos brasileiros, assim como de sua relação com as diversas crises que infelicitam nosso país.

Apresentadas em conjunto e de uma maneira fácil de serem reconhecidas, as doenças culturais poderão ser uma referência importante para que cidadãos e organizações da sociedade possam fazer sua auto-crítica, desenvolver uma maior consciência de cidadania e dar mais objetividade às discussões relacionadas com os motivos das dificuldades que enfrenta. Os capítulos seguintes tratarão delas individualmente, mas com diferentes amplitudes de enfoque, em função da relevância maior ou menor de cada uma, ou da conveniência de associá-las com outras questões de interesse.

Como se verá, prevalece neste livro um tom otimista. Dando mostras disto, começamos por prevenir que, apesar de tantas fraquezas de natureza cultural, o Brasil não *é*, mas *está* um país doente. O fator preocupante consiste no acúmulo dessas doenças e na sua proliferação como um conjunto de epidemias psicossociais.

O Brasil apresenta reservas de energia e muitas chances de curar-se ainda em tempo de comemorarmos a passagem do milênio como uma nação mais amadurecida e civilizada e bem próxima do primeiro mundo. Mas, para isso, será necessário que os brasileiros dediquem-se à auto-cura de seus males culturais. Não poderão esperar que problemas desta natureza sejam resolvidos por decretos ou ações governamentais. O único remédio reside na sua vontade de curar a si e as suas instituições, e na sua decisão de praticar a cidadania, individualmente ou em grupo, com constância e persistência.

Na segunda parte do livro veremos por que e como fazer isso.

II

CULTURA INFLACIONÁRIA

Cultura inflacionária é um estado de espírito e um vício de atitude e comportamento que leva as pessoas a considerarem normal a existência da inflação, aprendendo a conviver com ela e acomodando-se aos seus efeitos nocivos. Um estado de espírito que sustenta a ilusão de serem benéficos reajustes salariais freqüentes, mesmo que representem apenas correção da desvalorização do dinheiro, e ilusão de constituírem ganhos as correções feitas no dinheiro aplicado em poupança e outros investimentos financeiros.

Parece ser grande o número dos que pensam como certa pessoa — de nível superior, diga-se de passagem — que declarou, em entrevista de reportagem jornalística, ficar feliz ao ver sua poupança crescer mensalmente. O mais grave é que os meios de comunicação não dispõem de programas educativos para contrabalançar as influências negativas de suas reportagens, em questões como esta, as quais se limitam a registrar fatos.

A cultura inflacionária de um lado leva quem produz, presta serviços e vende a ficar viciado em aumentar preços inconseqüentemente, e, de outro, quem compra a conformar-se com os aumentos e até considerá-los como coisa natural.

A manutenção da cultura inflacionária é favorecida pela atuação de alguns profissionais e instituições que se aproveitam da inflação, como as organizações financeiras, os especuladores de mercado, os empresários oportunistas, os governantes que não gostam de prestar contas e mesmo os economistas que ficam em evidência e se beneficiam da situação de instabilidade econômica. Recentemente o jornal *New York Times* comentou que a inflação não é eliminada no Brasil, porque alguns ganham com ela. Apesar de a inflação ser tecnicamente explicada pelas leis da economia, sua sustentação tem muito de psicológico. A partir de determinado ponto, as expectativas inflacionárias constituem o principal fator de manutenção e agravamento da inflação.

Foi o próprio Mário Henrique Simonsen, professor da matéria e ex-Ministro da Economia, que desabafou certa vez: "a economia brasileira precisa, urgentemente, de uma junta de psiquiatras para descondicionar o comportamento neurótico dos agentes econômicos".

Expectativa inflacionária é uma manifestação psicológica. Todos os "pacotes" econômicos tentados para eliminar a inflação só continham soluções técnicas. Nenhum, pelo que se viu, previa medidas específicas e consistentes destinadas a atuar sobre o estado psicológico que resiste às medidas de sacrifício necessárias ao combate da inflação. E que leva à acomodação ao problema. Talvez por isso tenham fracassado.

O grande número de economistas especializados em análise conjuntural e em prognósticos de cenários econômicos, juntamente com a imprensa, ainda fortemente sensacionalista e muitas vezes inconseqüente, são, em grande parte, responsáveis pelo reforço da cultura inflacionária. Alguns desses economistas parecem mais cautelosos em seus comentários, nos últimos tempos. Mas, no período da edição dos cinco "pacotes" econômicos, tiveram uma influência negativa muito grande na ação dos remarcadores de preços e especuladores do mercado financeiro.

A correção monetária e a indexação generalizada — ao que parece, invenções brasileiras — representam também inquestionáveis reforços à cultura inflacionária. No estágio a que chegamos, após efeitos e desdobramentos diversos, toda a sociedade é hoje co-responsável pela permanência de altos índices de inflação e manutenção da cultura inflacionária. Assim é que as pressões inflacionárias que impedem a redução da inflação e estabilização da economia são oriundas:

a) do governo, por gastar mais do que arrecada, por emitir moeda em demasia, por captar recursos a juros elevados para financiar seus déficits de caixa, dívidas interna e externa;
b) dos agentes financeiros, por estimularem a ciranda financeira que lhes proporciona enormes lucros;
c) das empresas, por elevarem seus preços abusivamente por conta de expectativas inflacionárias. E por não se empenharem em reduzir seus custos através de esforço de produtividade;
d) dos consumidores, por se tornarem coniventes com a elevação de preços e adquirirem produtos em maior quantidade do que realmente precisam.

Como elementos complicadores do processo inflacionário, temos:

a) *de natureza psicológica*: a expectativa de inflação elevada e crescente, que, conforme já mencionado, incentiva a prática de aumento de preços por antecipação, como antídoto contra inflação projetada e possíveis congelamentos. A falta de credibilidade nas políticas econômicas, que estimula a substituição de investimentos produtivos por investimentos especulativos e não geradores de emprego e estimuladores de crescimento salarial.

b) *de natureza política*: gastos com campanhas políticas, subsídios, financiamentos discriminatórios, obras de cunho eleitoreiro, leis demagógicas que provocam aumento de encargos do governo e crescimento do déficit fiscal.

c) *de natureza técnico-operacional*: erro das medidas técnicas introduzidas pelas equipes econômicas dos governos, presos a concepções limitadas em relação às causas e soluções para a crise.

Além destes, não é demais repetir: como alimentadores da expectativa e reforçadores da cultura inflacionária, constituindo-se em grandes complicadores do problema, temos os economistas fazedores de projeções pessimistas e alarmistas, e a imprensa sensacionalista que, muitas vezes, parece querer ver o circo pegar fogo, contanto que isto sirva para ampliar sua fatia de mercado diário e semanal, promovendo uma competição às vezes irresponsável e inconseqüente.

Estamos de tal forma viciados em inflação que perdemos a sensibilidade de perceber seu grande poder de destruição: ela desorganiza a sociedade, favorece os ricos e castiga os médios e pobres; é responsável pela instabilidade econômica, política e social do país; provoca recessão e desemprego e nenhum plano de salários ou acordo trabalhista resiste muito tempo aos seus efeitos. Em síntese: tem muito a ver com o fato de o Brasil ter perdido uma década de progresso.

Se todos esses argumentos não são suficientes para despertar no leitor vontade de fazer alguma coisa para ajudar a combater a inflação, aqui vão mais alguns: do economista Julien Chacel: "a inflação é um monstro de muitas cabeças que, quando se imagina morto, se auto-regenera e volta a causar distorções no sistema produtivo, inquietação social e alto grau de incerteza em relação ao futuro".

Do deputado José Serra, de São Paulo: "a inflação alta encurta os horizontes dos agentes econômicos, torna os ganhos aleatórios, acirra os conflitos distributivos, premia a especulação, castiga a atividade produtiva, exacerba o corporativismo predatório e atiça o individualismo excessivo, as espertezas e a corrupção. Imobiliza também o Estado, ao corroer suas receitas e desmonetarizar a economia".

Do economista Eduardo Giannetti da Fonseca, em entrevista à revista *Veja*: "pouca gente se dá conta de que a convivência prolongada com índices elevados de inflação acaba contaminando toda a sociedade. A inflação atinge o padrão ético da sociedade. Um país onde as pessoas não sabem quanto o dinheiro que têm no bolso valerá no mês que vem acaba tendo comprometidas as regras morais mais fundamentais da convivência humana. A confiabilidade, a veracidade, a pontualidade, a honestidade e a integridade acabam sendo minadas pela falta de estabilidade econômica". Disse mais: "a inflação é a escola de oportunismo, de imediatismo e de corrupção. No Brasil, as pessoas, as empresas e o governo sacrificam o futuro em nome da necessidade de ganhar mais aqui e agora, até para se proteger dos efeitos da inflação". É provável que a inflação, nos últimos doze anos, tenha causado mais estragos e infortúnios à sociedade e ao povo brasileiro, do que outras causas em qualquer outro período de nossa existência.

A INFLAÇÃO É A SAÚVA DO BRASIL ATUAL. Houve uma época, quando a economia do país dependia mais da lavoura, em que a praga da saúva dizimava as plantações de tal forma que se cunhou a frase: "ou o Brasil acaba com a saúva ou a saúva acaba com o Brasil". Hoje a ameaça é outra: ou o Brasil acaba com a inflação ou a inflação acaba com o Brasil. E a dificuldade é muito maior. No caso da saúva, a solução dependia de recursos materiais, da ação do Ministério e das Secretarias estaduais de Agricultura, assim como da colaboração dos donos de terra. No caso da inflação, depende de todos os setores da sociedade, inclusive da população. As variáveis que interferem no problema são numerosas e complicadas, especialmente as de caráter psicológico e comportamental. E mais: antes ninguém se beneficiava da situação. No caso presente, fala-se que quatro milhões de pessoas teriam interesse na manutenção da inflação. Quer nos parecer, contudo, que parte destes beneficiários da crise terá, mais cedo ou mais tarde, de ajudar a pagar a conta dos prejuízos causados pela inflação.

A sociedade brasileira precisa optar, urgentemente, se quer ganhar ou perder esta década de 90. Se quer acabar com sua agonia ou tornar sua população cronicamente masoquista. Se quer retroceder ou caminhar rumo ao primeiro mundo. A sociedade brasileira precisa conscientizar-se de vez que não pode ficar esperando que o governo acabe com a inflação. Até porque, como se viu, ele é um dos principais agentes inflacionários e tem resistido a adotar as medidas de redução do déficit público. É indispensável a participação de todos os seus setores organizados e de todas as suas lideranças e dos formadores de opinião.

Em suma: a sociedade brasileira está psicologicamente viciada em indexação, correções salariais freqüentes, em aceitar aumentos constantes de preços, bem como iludida com aumento nominal de saldo das aplicações do dinheiro. Perdeu a memória da situação de estabilidade econômica e de seus inúmeros benefícios.

Urge uma grande campanha nacional visando o descondicionamento psicológico para acabar com a cultura inflacionária. Oxalá não seja necessário perder outros preciosos anos, para descobrir que é indispensável a adoção de ações mais objetivas e concretas, além da união e do entendimento de todos, para acabar com a inflação que tantos males tem causado à nação brasileira.

III

Cultura da Esperteza

A manifestação de esperteza com objetivos de tirar proveitos de situações, em detrimento de leis, de regras comportamentais, de princípios éticos, do respeito para com o semelhante e do interesse comum, já resultou numa epidemia que infelicita e envergonha o país. A esperteza já constitui uma prática generalizada, atingindo todos os setores e camadas: pessoas comuns, pequenas e grandes empresas, profissionais liberais, autônomos, etc. A esperteza transformada em corrupção em graus variados é agora escancarada em algumas categorias de profissionais que a tinham institucionalizado em suas atividades: uma parcela dos funcionários públicos, lobbistas, intermediários de negócios, alguns tipos de profissionais liberais. Em outras, chega a ser simplesmente despudorada, como no caso dos grupos de guardadores de carro e das pessoas que executam reparos e manutenção de aparelhos e instalações domésticas.

O ex-presidente da FIESP, Sr. Mário Amato, fez uma declaração recente, por ocasião dos trabalhos da CPI do Congresso que investigou o famoso caso "PC", muito alardeada, mas que não causou tanta indignação como deveria. Algo parecido como "somos todos corruptos. Quem não cometeu algum ato de corrupção ou foi conivente com ela, atire a primeira pedra... o crime compensa". No mesmo dia, o senador Ney Maranhão confessou publicamente que sonega impostos. A que ponto chegamos!

Mesmo pessoas dotadas de rígidos princípios morais podem surpreender-se cometendo deslizes como pequenos subornos, sonegação e conivência com situações erradas ou gestos condenáveis, tal o nível de degradação do comportamento a que fomos levados.

Ser esperto e gostar de "dar um jeitinho" tornou-se, sem dúvida, um traço do caráter do brasileiro. Porém, em tempos passados, era um comportamento menos freqüente e abrangente, e com menor grau de agressividade e periculosidade. Às vezes costumava até revestir-se de certa ingenuidade ou pureza de propósito. Além do que constitui manifestação de duas habilidades também próprias do nosso povo: inteligência e criatividade. Estas duas aptidões são voltadas para resolver problemas. E, muitas vezes, resolver pequenos problemas pessoais foi chamado de "dar um jeitinho".

Pode representar demonstração de certo espírito matreiro, retratado pelo personagem Pedro Malazartes e seus similares, encontrados em autores de diversos países. O que demonstra que espertos e matreiros existem em todo lugar. No Brasil, por algum motivo que, se já não foi, mereceria ser pesquisado, essa característica desenvolveu-se mais ainda.

Em tais condições, esse comportamento poderia ser classificado antes de peculiar do que de nocivo, uma vez que os indícios de que dispomos revelam que era relativamente pequeno o grau e menor o número de situações em que esse tipo de ação prejudicava outras pessoas. Poderíamos mesmo comparar a evolução negativa da esperteza com a evolução do furto comum, de pequenas conseqüências, para o assalto agressivo, violento e que resulta em grandes perdas materiais e traumas psicológicos.

Acreditamos que os brasileiros não sejam intrinsecamente pouco éticos. As atitudes de esperteza foram propagando-se e agravando-se na medida da progressividade da crise moral, da deterioração dos costumes, da permanência da inflação alta que favorece espertezas de diversas formas, da proliferação da corrupção nos órgãos públicos. Na medida em que os membros do poder executivo passaram a não ter mais escrúpulos em dar maus exemplos para a sociedade; os políticos e os poderes legislativos também cometem seus atos de espertezas. Enfim, na medida em que o poder judiciário se mostra lento e ineficiente, colaborando com a impunidade. Sem contar o fato de que nossas leis penais são brandas.

Com tal degradação do ambiente, significativa parcela da população e das organizações passaram a adotar a filosofia do "já que é assim, deixa eu defender o meu", recorrendo à esperteza para alcançar seus objetivos particulares, sem levar em conta o prejuízo de terceiros, a moral pública e social, o bem comum, a situação do país.

A prática generalizada de atitudes de esperteza, resultante de assustador desregramento moral da sociedade, ficou mais conhecida como aplicação da "Lei de Gerson", quando o ex-craque de futebol fez uma infeliz apologia da esperteza, na veiculação de propaganda de uma marca de cigarros.

Estamos convencidos de que existem grandes reservas de moralidade na maior parte da população brasileira, e que este sofrido, esbulhado e desrespeitado povo, não obstante, espera avidamente por uma ocasião em que possa manifestar naturalmente seus princípios éticos e possa orgulhar-se e entusiasmar-se por ver em seu país prevalecer:

A honestidade sobre a corrupção;
A justiça sobre a impunidade;
O espírito coletivo sobre os interesses egoísticos particulares;
A competência sobre a ineficiência.

Todas as vezes que foram levantadas grandes bandeiras de moralidade por líderes não radicais que souberam fazê-lo, o povo respondeu com grande força e entusiasmo.

Jornais e revistas têm publicado, nos últimos tempos, resultados de diversas pesquisas feitas junto à população, a respeito de suas crenças, valores e opiniões sobre nossas instituições, e o resultado delas comprova que os brasileiros mantêm excelente saúde moral (estamos considerando a doença da esperteza e da corrupção como uma epidemia curável), além de serem criteriosos no julgamento e valorização de nossas instituições.

Uma dessas pesquisas, cujo resultado foi publicado na coluna do publicitário Alex Periscinoto, no jornal *Folha de S. Paulo*, revela, entre outras coisas, que as maiores virtudes (apontadas) a serem passadas de pai para filho, dentro de casa, são, pela ordem: honestidade, respeito pelos outros, boas maneiras, senso de responsabilidade, sinceridade e franqueza, fé/religiosidade, disciplina e dedicação ao trabalho. A esperteza aparece em penúltimo lugar. Se repararmos bem, a maioria das pessoas fala da esperteza com desagrado, em tom de condenação. Como se vê, o mundo não está tão perdido como muitos fazem parecer.

Portanto, temos que considerar o "jeitinho" e a esperteza como formas de agir peculiares dos brasileiros, mas levando em conta que originalmente eles se manifestavam com menor intensidade e menor grau de malignidade. Agora, porém, esses traços foram transformados em doença cultural, tendo assumido proporções epidêmicas, em conseqüência da prolongada inflação, do mau exemplo de parte das elites dirigentes e influentes, da ação de uma minoria de espertos graúdos que infestam nossas instituições e conseguem montar esquemas de corrupção sem serem punidos.

O povo, constituído pelo conjunto de cidadãos anônimos que trabalham, estudam, empreendem e compõem nossas comunidades e organizações civis, não pode ser responsabilizado pela decadência moral do país. Os responsáveis encontram-se principalmente nas elites próximas dos poderes político e econômico. O povo é, na verdade, vítima da deterioração dos costumes, embora eventualmente muitas pessoas possam estar coniventes e colaborar com ela.

Assim sendo, podemos ser otimistas em relação à minimização deste problema, e devemos ajudar neste sentido com nosso próprio exemplo, vigilância e com mais ação de cidadania, não compactuando, não favorecendo, desestimulando e recriminando objetivamente atos de esperteza nociva.

Terminamos este capítulo lembrando uma frase de Edmund Bauke: "a única coisa que torna possível o triunfo do mal é a omissão dos homens bons".

IV

CULTURA DA TRANSFERÊNCIA DE RESPONSABILIDADE

Os brasileiros herdaram, e mantêm como forte traço cultural, a postura de não assumir, devidamente, responsabilidades, funções, papéis, deveres e obrigações, especialmente no que diz respeito a questões sociais e políticas. Por hábito, tendem a se comportar desta maneira também em questões profissionais e familiares. Significa que praticam muito pouco a cidadania. Como exemplos dessas formas de omissão, citamos: culpar os governantes pelos problemas do país, do estado ou do município e esperar que as soluções sempre partam deles; atribuir aos políticos a total responsabilidade por seu mau desempenho e conduta, assim como pela fraqueza e pouca representatividade dos partidos; culpar os diretores de escolas pelo baixo padrão de ensino e preço elevado das mensalidades; culpar os empresários por todos os aumentos de preço e por baixos salários; culpar outras pessoas por problemas de trânsito; culpar o síndico por todos os problemas do condomínio etc. São manifestações típicas de transferência de responsabilidade amplamente observadas.

Nas organizações, em geral, é comum responsabilizar a diretoria ou áreas de apoio por dificuldades encontradas no trabalho, fracassos de projetos e baixo rendimento. Há muita delegação para cima e para os lados, nas empresas.

Diversas causas contribuem para essa forma de comportamento: pouca educação específica em casa e na escola, alienação política e cultural, governo e lideranças com forte espírito de centralização de poder e orientação autocrática e paternalista.

Desses três itens, o último tem maior peso. As três principais características negativas de direção — centralização de poder, autocracia e paternalismo — são observadas nas pessoas que exercem essa função em todos os setores de atividades, inclusive na conduta dos pais. E desestimulam liderados, comandados e filhos a assumirem responsabilidades em casa, no trabalho, na sociedade. Com postura predominantemente centralizadora-paternalista-protecionista-intervencionista, governantes, dirigentes, líderes e pais atraem, aceitam e assumem responsabilidades que seriam próprias dos cidadãos, dos subordinados e dos filhos, numa atitude não percebida como deseducativa. As conseqüências negativas de tal situação são enormes: problemas do país e das comunidades acumulando-se e agravando-se, baixo padrão de qualidade e de ética nas instituições políticas e sociais, baixos padrões de desempenho e produtividade nas organizações, excesso de conflitos nos lares.

Os governos brasileiros têm falhado muito, não só Deus, mas todos nós sabemos como. Eles fazem por merecer boa parte das críticas e condenações que recebem. Até porque assumem tarefas que seriam da sociedade, e com mau desempenho. Todavia, se os governos têm sido fracos, o mesmo se pode dizer do desempenho do legislativo, do judiciário, da imprensa em certo sentido, de entidades de classe, etc.

Transfere-se muita responsabilidade entre os diversos poderes da República, do Estado e dos municípios, incluindo aí a imprensa como o quarto poder. Há mais acusações recíprocas do que entendimento e colaboração entre eles.

Há uma crise geral de conduta, desempenho e gerenciamento, causa e conseqüência das crises econômica, política, moral e institucional que têm infelicitado o país nos últimos tempos. O desempenho de um governo é a resultante de uma série de fatores, a começar pela escolha dos candidatos pelos partidos, que nem sempre é a mais criteriosa. E isto acontece com conivência das elites dominantes e influentes, inclusive da imprensa. Apesar da liberdade de escolha de candidatos pelo voto, as opções oferecidas não são satisfatórias. Os partidos são dominados e manipulados, quase sempre por pessoas e grupos despreocupados com o interesse público, por omissão de cidadãos de bem que se mantêm distantes e alienados.

Para que governos melhorem, é necessário que as organizações políticas se aprimorem. E, para que isso aconteça, núcleos importantes e influentes da sociedade devem estar vigilantes, deixar de compactuar com os erros e exercer pressões para mudanças. Pessoas qualificadas, com espírito público e descomprometidas (e existem muitas disponíveis na sociedade), precisam participar mais das organizações e dos eventos políticos, a fim de evitar que sejam dominadas por oportunistas, aventureiros e testas-de-ferro.

Enfim, se os setores influentes da sociedade e o crescimento da prática da cidadania contribuírem para a evolução das organizações políticas, para o surgimento de um maior número de políticos sérios e responsáveis; para que o sistema eleitoral se aperfeiçoe; para que a ética, a transparência e o espírito público predominem no meio político; para que a escolha dos ocupantes dos cargos públicos seja feita pelo critério da qualificação e competência, com certeza teremos governos sérios e competentes. E a sociedade receberá o retorno por isso, em forma de muitos benefícios.

Assim, sem grande ciência, fica demonstrado: bons governos dependem de cidadãos mais conscientes, interessados e participativos.

Aqui também terminamos o capítulo com uma citação oportuna: "Não pergunte o que o país pode fazer por você, mas o que você pode fazer pelo país". Disse John Kennedy quando presidente dos EUA.

V

CULTURA DO IMEDIATISMO E SUPERFICIALISMO

Imediatismo deve ser considerado aqui como uma atitude caracterizada pela pressa habitual de querer ver os problemas resolvidos, independentemente de sua complexidade, de suas implicações e da demanda de tempo requerida para sua solução.

Como exemplo notório de imediatismo, citamos: a sociedade sempre pressiona governos recém-empossados para dar soluções aos problemas que a afligem. Mesmo setores mais esclarecidos, que deveriam ajudar a informar e conter a ansiedade da população, participam da pressão. Não vem ao caso, agora, considerar que os políticos, normalmente demagogos, criam expectativas que não podem atender quando assumem os governos. Nós já deveríamos saber que eles são assim. O que está em análise é um comportamento negativo da sociedade.

Como a solução dos principais e maiores problemas exige tempo, recursos e validação legal, condições nem sempre disponíveis ou fáceis de obter, os governos demoram (quando conseguem) a dar respostas e logo caem em descrédito. Outro exemplo conhecido é o dos clubes de futebol que, em má fase, mudam o técnico. A torcida ansiosa cobra resultados rápidos, nem sempre possíveis de serem alcançados, e não demonstra a necessária paciência para esperar por um trabalho de base. Conseqüência dessas duas situações: "fritam-se" ministros e trocam-se os técnicos com grande freqüência. E a solução dos problemas do país e do clube ficam adiadas. Começa tudo de novo e a sociedade acaba arcando com as seqüelas normalmente deixadas pela gestão anterior.

Outra manifestação de imediatismo, que merece destaque, é a dos profissionais de nível superior recém-formados que querem chegar rápido às posições de maior status e privilégios, igualando-se rapidamente aos que tenham mais estudo, experiência e maturidade. Não é raro verificar nas empresas os profissionais desejarem passar de júnior a sênior, ou mesmo ocuparem cargos gerenciais, com muita pressa. O pior é que dirigentes costumam aceitar isto em nome da energia da juventude, como se ela fosse mais importante do que a maturidade.

O superficialismo — que significa tratar questões e assuntos por alto, de maneira rápida e genérica — poderia ser abordado como outro traço cultural específico e independente. Resolvemos considerá-lo em conjunto com o imediatismo, porque ele constitui uma decorrência natural deste último, e freqüentemente um e outro podem ser observados como manifestações paralelas. Imediatismo e superficialismo são atitudes reveladoras de pouco amadurecimento pessoal, profissional, político e social. Representam um misto de visão curta e fragmentada das situações, pouco hábito de reflexão, ansiedade e impulsividade incontroladas. Significam também uma certa indisciplina própria de organizações e povos pouco desenvolvidos.

O imediatismo é inimigo do planejamento, do critério, da ponderação. É amigo da improvisação que, com freqüência, resulta em erros, desperdício de recursos, perdas de tempo, conflitos, frustrações. E por aí vasa algo em torno de 10% do PIB do país.

O superficialismo combina com a mediocridade e com a incompetência. É fruto, principalmente, de um ensino deficiente e com baixo nível de exigência. Instala-se assim um círculo vicioso, onde a indigência cultural segue-se ao imediatismo e o superficialismo.

O imediatismo demonstrado pelos brasileiros em todas as camadas da população e em diversos setores de atividades tem um peso significativo na demora da solução da crise do país que já dura mais de doze anos. Se repararmos bem, o imediatismo manifestado pela população, com a conivência das lideranças, das elites e da imprensa, contribuiu para o fracasso das cinco principais tentativas de estabilização da economia pelos últimos governos. Todas elas poderiam resolver parte dos problemas econômicos, sendo complementadas por novas medidas de ajustes, se a sociedade (empresários, sindicatos, imprensa, população, etc.) fizesse sua parte e fosse menos imediatista e egoísta.

Tanto no âmbito dos governos como no das organizações em geral, o imediatismo, às vezes associado ao superficialismo, tem sido causa do retardamento da solução de problemas e do desenvolvimento que nos levaria às condições de economia forte e povo civilizado.

Portanto, trata-se de comportamentos negativos que precisam ser revistos pela sociedade brasileira. Iniciativas de campanhas educativas destinadas tanto a conscientizar a população e as organizações como a desenvolver hábitos para minimizá-los devem ser estimuladas.

Desta feita, terminamos citando, de matéria publicada na revista *Visão*, o professor universitário Cezar Guedes: "...é bom que se reflita sobre a pobreza das discussões impregnadas pelo "conjunturalismo", pelo curto prazo que tem atropelado tudo".

VI

CULTURA DO NEGATIVISMO

A postura mental negativista parece ser uma manifestação cultural verificada universalmente, tomando por base diversos indícios colhidos aqui e ali, bem como as características da psicologia humana e do comportamento social, em todos os povos. Como um exemplo para ilustrar essa afirmativa, lembramos de ter lido recentemente em um jornal a observação de que os países são conhecidos fora por seus aspectos negativos. Outro exemplo: todo mundo diz que "errar é humano", mas quase ninguém diz que "acertar é humano". Ou seja: o negativo é mais destacado, se propaga e se fixa mais.

Estamos certos de que a maioria dos leitores reconhecerá ser comum esta queixa que pode ser de um filho, de um funcionário ou mesmo de um chefe intermediário: "não é justo, só recebo crítica, ninguém vê as coisas certas que faço". Ou ainda: "faço dez coisas certas e ninguém elogia; quando cometo um erro, a crítica é imediata".

As observações acima se aplicam bem ao Brasil. Existem e acontecem muitas coisas boas e positivas no país, mas as negativas são mais intensamente ressaltadas e enfatizadas.

Provavelmente exista uma variação de grau ou intensidade da cultura negativista, entre as nações, em função de diversos fatores tais como: situação de progresso ou decadência, tamanho e duração dos conflitos e das crises internas, heranças culturais específicas de cada uma, etc. No caso do Brasil, temos muitos motivos, passados e recentes, de ordem política, econômica e moral, favorecendo o cultivo do espírito negativista e pessimista.

Todavia, há que discernir dois tipos de situações: o brasileiro comum não é intrinsecamente negativista nem pessimista. Ele se torna assim em determinadas circunstâncias, como na situação presente, em que acumulou muitas frustrações e decepções, com os sucessivos fracassos dos governos, a constante demagogia e irresponsabilidade dos políticos, e o aumento da corrupção. Pelo contrário, os brasileiros das camadas mais simples revelam ser de boa fé e otimistas. São menos predispostos e preconceituosos. Na sua visão singela e direta do mundo, com uma mente menos crítica, conseguem perceber progressos, valores e fatos positivos.

Quem demonstra forte tendência para o negativismo, que sustenta e dá o tom a este estado de espírito, é uma parcela significativa das elites culturais e intelectuais. Os críticos profissionais que compõem o time principal dos formadores de opinião (jornalistas, economistas, artistas, sociólogos, juristas, etc.) e que dominam os meios de comunicação revelam, regra geral, forte propensão para ver o mundo com lentes cinzentas, não raro escuras demais, e que, por isto, deixam de visualizar saídas para nossos problemas. Muitas vezes temos lamentado o fato disso partir justamente dos eruditos e intelectuais dada sua presumível maior capacidade de percepção, análise, discernimento e avaliação. Deveriam ser as pessoas mais isentas, criteriosas, ponderadas, sensatas e realistas. Na verdade, porém, assumem posições exageradamente rígidas, são demasiadamente preconceituosas, demonstram menor espírito prático e administram menos do que deviam suas emoções e paixões.

Infelizmente a educação nas escolas não é direcionada para que haja mais pessoas sábias do que eruditas.

Somos inclinados a concordar com o artista e carnavalesco Joãozinho Trinta, em sua afirmativa de que intelectual gosta de miséria. O povo comum é menos preconceituoso em relação à riqueza. E reage melhor frente ao factível e possível, acrescentamos. Para uma parcela de pessoas pretensamente esclarecidas, ser do contra, pessimista e negativista dá *status* cultural.

Alguém poderia argumentar que, pelo privilégio de poder captar melhor os fatos e pela facilidade de acesso aos meios de comunicação, são os intelectuais que denunciam as injustiças, os desmandos das autoridades, as agressões à natureza, etc. Até aí, tudo bem. Mas por que não anunciar também as coisas boas e positivas? Por que essa postura unilateral do discurso crítico e amargo?

Seja por competição cultural com seus pares, por necessidade de afirmação, por exibicionismo de erudição ou por sectarismo ideológico, muitos dos intelectuais que ocupam espaço na mídia, ao contrário de ajudar, têm dificultado a busca da convergência e do entendimento, para favorecer a saída da crise e destravar o progresso do país.

É saudável que, em qualquer ambiente, existam pessoas que exerçam a crítica, o papel de "advogado do diabo", façam contestações e questionamentos. Isto faz parte dos regimes democráticos e ajuda a equilibrar as forças de dominação e o autoritarismo, assim como a combater a incompetência e o comportamento pouco ético. Mas quando o negativismo se torna obsessivo, ele passa de aceitável ou conveniente para doentio, e seus efeitos resultam negativos. Esta é a situação do Brasil recente: observa-se excessiva carga de negativismo. O qual, em demasia, não ajuda sociedade alguma a progredir. Ainda mais quando já contaminada por outras doenças culturais, como a da baixa auto-estima e a do conformismo.

Como disse alguém: "a melhor maneira de tornar as coisas piores do que estão é ficar repetindo que elas são piores do que são".

O Brasil teria muito a ganhar se a parcela de intelectuais que carrega no pessimismo e negativismo dosasse essa maneira de ver o mundo e, por sua capacidade de influência, se colocasse a serviço de campanhas destinadas a ajudar a sociedade a readquirir sua autoconfiança, assim como a consciência de seu valor e potencial. E ajudasse também os brasileiros a desenvolver o espírito de cidadania, patriotismo e solidariedade.

VII

CULTURA DA BAIXA AUTO-ESTIMA

Se analisarmos mais cuidadosamente a questão, verificaremos que o brasileiro desenvolveu, ao longo do tempo, sentimentos de inferioridade, de baixa auto-estima, de pouco respeito próprio. As explicações para isso devem ser buscadas no longo período (perto de quatrocentos anos) de colonização, o qual não ofereceu ao povo maiores motivos para orgulhar-se de seu país. Mas já temos um largo período de existência com progressos e realizações, como se verá abaixo, suficientes para nos fazer superar tal estado de espírito. O qual, possivelmente, influencia nossa acomodação, resignação e passividade diante dos fatos sociais, políticos e econômicos que nos são prejudiciais; assim como nos traz ainda uma certa dúvida quanto a nossa capacidade de vir a ser uma nação desenvolvida e poderosa. Pode estar aí, também, parte da explicação da contraditória critiquice do nosso povo em relação às coisas e realizações do Brasil, menosprezando-lhes o valor.

Repetidas frustrações e decepções, nos últimos tempos, ao verificar que os governos e as elites dominantes não conseguem pôr termo à crise que tanto lhe afeta, têm feito com que o brasileiro manifeste esse sentimento de maneira mais intensa. O sentimento de baixa auto-estima desenvolvido por nossa gente (povo auto-confiante enfrenta melhor seus problemas e constrói mais) parece ter como principal ponto de sustentação, no senso comum, a crença de que seríamos piores do que outros povos em virtude de a colonização ter-se iniciado por degredados, e em virtude também da miscigenação dos colonos com índios e negros.

Estes fatos podem explicar outras coisas, mas não todas as características de caráter, personalidade, aptidões e comportamento da maioria dos brasileiros. Estamos convencidos de que a origem de muitos dos problemas culturais e institucionais do Brasil guardam mais relação com a qualidade das *elites* colonizadoras e com seus objetivos, do que com a categoria de pessoas aqui trazidas para trabalhar. Em todo o tempo de existência do país, as elites políticas e oligárquicas têm sido as grandes responsáveis por suas crises. Ao povo cabe pouca ou nenhuma parte da culpa.

Mesmo que, de qualquer forma, não tenha tido um início feliz ou glorioso, nosso país tem revelado uma grande força com a chegada de contingentes de imigrantes das mais diversas origens, dos quais recebemos influências positivas: italianos, espanhóis, alemães, japoneses, árabes, judeus, etc. Os próprios portugueses chegados em épocas mais recentes têm dado grandes contribuições ao progresso do país na área produtiva e comercial.

Seria ingenuidade não reconhecer que existem traços negativos no caráter do brasileiro. Como, de resto, existem traços positivos e negativos no caráter de qualquer povo. O que ocorre conosco é que temos ressaltado em demasia os negativos, o que certamente contribui para reforçar o sentimento de baixa auto-estima ou complexo de inferioridade.

Desde quando o Brasil teve oportunidade e se dispôs a desenvolver-se com mais autonomia, especialmente a partir da década de 50, os brasileiros vêm demonstrando, num crescendo, suas qualidades e méritos, o que acabará desmistificando as suposições que sustentam o sentimento de baixa auto-estima. Vamos demonstrar isso com fatos. A despeito de maus governos, explorações externas e outras adversidades, o país teimosamente cresceu e desenvolveu-se em várias áreas e atividades. Além disso, reunimos diversos aspectos e realizações positivas que não estamos sabendo valorizar. Vejamos:

- Nos últimos cem anos tivemos taxas de crescimento comparáveis às maiores do mundo.
- Nunca tivemos confrontos bélicos mais sérios, nem terrorismo, nem lutas étnicas sangrentas, tão comuns em países da Europa, do Oriente Médio e de outras partes da Ásia.
- Temos vários registros, publicados esparsamente na imprensa, da admiração que estrangeiros de vários países demonstram pelos brasileiros, por serem um povo alegre, sociável e caloroso. Deveríamos estar muito orgulhosos de sermos considerados um dos povos mais simpáticos do mundo.
- Pesquisa feita por uma agência de publicidade, em 1986, mostra que o Brasil figura entre as primeiras opções de uma nova pátria para a maioria dos argentinos, colombianos, uruguaios e equatorianos.

- A revista *Tendências do Trabalho*, em seu número 43, apresenta o depoimento de estrangeiros, ao lado de outros dados, que comprovam as virtudes do trabalhador brasileiro, considerado um dos melhores do mundo.
- O Brasil tem o 6º maior parque industrial e, até antes da atual recessão, era a 8ª economia do mundo.
- O Brasil tem o maior potencial hidrelétrico e uma das engenharias mais avançadas.
- O Brasil está entre os cinco maiores produtores de café, soja, cacau, milho, suco de laranja, ovos, álcool, açúcar, tabaco, leite, bovinos, suínos, frangos, eqüinos, borracha, aglomerados, fertilizantes, estanho, pisos e azulejos, sapatos, brinquedos, pistões de alumínio e tornos.
- O Brasil está entre os dez maiores produtores de cimento, algodão, arroz e trigo.
- O Brasil está próximo da auto-suficiência de petróleo e é o único país que tem combustível alternativo para veículos.
- O Brasil conta com uma das melhores produções e programações de televisão, uma das propagandas mais premiadas e uma música popular das mais ricas e bonitas do mundo.
- O Brasil está entre os seis ou sete países que possuem os melhores esportes coletivos (futebol, vôlei e basquete). E tem tido os melhores pilotos de corrida.
- As novelas brasileiras são vistas e apreciadas em um grande número de países.
- O Brasil produz o maior espetáculo da terra, que reúne diversas artes — literatura, música, escultura, dança, folclore, etc. —, as escolas de samba. Que, aliás, representam um bom exemplo de organização, planejamento e criatividade.
- O Brasil foi muito elogiado pela demonstrada capacidade de organização do maior evento não esportivo já realizado no mundo, reunindo mais de 50 chefes de estado e representantes de mais de 150 nações — a RIO ECO 92.

Quase todos os dados acima citados foram extraídos de diversas matérias publicadas em revistas e jornais, parecendo todas de boa fonte. Acreditamos que eles são do domínio de boa parcela da população mais esclarecida do país.

Não há que esconder o fato de o Brasil possuir ainda muita pobreza e analfabetismo, de tolerar tanta corrupção impune, de ter realizado obras não prioritárias em detrimento do saneamento básico, por exemplo. Mas os aspectos negativos não são, pelo visto, maiores do que os positivos e, desta forma, não há justificativas para tanto negativismo e para o sentimento de baixa auto-estima.

VIII

CULTURA DA VERGONHA DE CIDADANIA E PATRIOTISMO

Regra geral, os brasileiros mostram-se envergonhados ou tímidos quando precisam exercer a cidadania ou manifestar seu orgulho nacional. Como cidadãos, não reclamam seus direitos, deixam-se ludibriar com certa facilidade, são pouco exigentes em relação aos políticos que elegem e às organizações que lhes prestam serviços, participam pouco de atividades cívicas, entre outras omissões e tipos de comportamentos semelhantes. De outro lado, não se envolvem nem criam situações em que há oportunidade de mostrar patriotismo.

Quando se vêem diante da necessidade de cantar o hino nacional em alguma solenidade, por exemplo, não conseguem disfarçar uma certa vergonha. O seu patriotismo contido só é intensamente manifestado por ocasião dos jogos das copas do mundo e, um pouco menos, em outras competições esportivas para as quais dispomos de boas equipes, como vôlei e basquete. E também quando Airton Senna e Emerson Fitipaldi estão vencendo nas pistas.

Muitos povos desenvolveram sentimentos patrióticos, cultivando e valorizando batalhas de guerras e seus heróis, em épocas de conquistas, de disputa de territórios, de lutas por causas tidas como importantes, e em situações de defesa da soberania. Escritores e poetas contribuíram para isso, assim como políticos demagogos.

O Brasil felizmente viveu poucas e pequenas experiências bélicas, não proporcionando, por isso, inspiração aos nossos poetas para se dedicarem ao gênero épico nem para cantar feitos de heróis, porque eles não existiram. Isto pode explicar, em parte, nosso acanhado sentimento patriótico. Todavia, deveríamos nos orgulhar de sermos um povo pacífico, que não cometeu o erro de guerrear por causas que não justificam sacrifícios, perdas e retrocessos.

Heróis? Se quisermos forjá-los, temos personalidades de grande valor no esporte, nas artes, na ciência, nas organizações produtivas, e até nas ruas. Só temos a lamentar possuirmos poucas personalidades merecedoras do título na política, na justiça e na economia.

Hoje em dia, fala-se muito em mudanças de padrões ou referências. Guerrear era, antes, considerada ação gloriosa e valorosa. Agora é insensatez, despropósito. Não guerrear agora é virtude. Heróis modernos deveriam ser os pacificadores. Com essa mudança de paradigmas, nossos poetas e artistas poderiam, quem sabe, se inspirar no pacifismo dos brasileiros e, fazendo apologia desta virtude, ajudar nossa gente a fortalecer seu orgulho patriótico.

Se, porém, o patriotismo é melhor reforçado com heroísmo resultante de batalhas, que nosso povo seja estimulado a combater e vencer seus inimigos internos, que são a pobreza, o analfabetismo, a esperteza, o fisiologismo, o corporativismo, a inflação. Vencer estes inimigos será mais glorioso do que qualquer vitória em guerra convencional, coisa que, aliás, não tivemos.

Ter orgulho cívico é fundamental para um povo ser participativo e para ajudar a desenvolver sua comunidade e a nação. Portanto, é necessário cultivá-lo.

IX

CULTURA DO PIADISMO OU DO RIR DA PRÓPRIA DESGRAÇA

Alguns aspectos do caráter do brasileiro, originalmente positivos, têm-se deteriorado com a decadência dos valores éticos, dos costumes e das instituições. Tal como aconteceu, como vimos, com o "dar um jeitinho" e a esperteza, assim ocorre com duas outras características que, embora individualmente positivas, no contexto aqui focalizado, transformam-se circunstancialmente em negativas. Referimo-nos à habilidade de criar piadas e ao senso de humor dos brasileiros.

Associados à *cultura do conformismo*, descrita mais à frente, e considerando que a sua fonte de inspiração predominante tem sido as fraquezas do país, esses dois traços da personalidade constituem mais uma das doenças culturais da nossa população, tendo em vista a intensa manifestação com efeitos maléficos no seu comportamento e na sua mente.

Fazer e contar piadas a respeito de questões, fatos e problemas que nos são contrários e prejudiciais pode ser uma forma de catarse, que aparentemente alivia e relaxa, mas se desenvolve e reforça a *cultura do piadismo ou do rir da própria desgraça*. E pode estimular uma outra doença que já anda querendo mostrar sua cara: o masoquismo.

O fazer piada a respeito de outros ou de figuras características e não comprometedoras deu lugar a fazer piada de si mesmo, de seu país e de suas instituições; ao *rir da própria desgraça*. Tempos atrás os brasileiros faziam piadas a respeito de portugueses, árabes, mexicanos, de papagaio, e de "bicha", principalmente. Agora predominam as piadas inspiradas em questões nacionais, normalmente com sentido pejorativo.

Rir de suas desgraças não irá ajudar os brasileiros a resolverem suas frustrações, angústias e revoltas. Também não ajudará a evitar ou a solucionar problemas. É mais provável que ajude os seus causadores, os maus políticos, os maus governantes, os maus empresários, os aproveitadores e os corruptos a sentirem-se mais à vontade e encorajados para continuar com suas ineficiências, e com suas ações imorais e maléficas.

Alguns humoristas mais populares têm buscado, com muita constância, inspiração para suas piadas nas crises brasileiras e em seus personagens. Apesar da liberdade de expressão (que deve prevalecer), da oportunidade de o assunto valorizar a piada, e da inspiração que o nosso cotidiano infeliz e sombrio possa trazer, preocupa-nos o fato de que esses humoristas possam estar contribuindo para agravar esta e outras doenças culturais, tais como *cultura da baixa auto-estima, cultura da esperteza, cultura da vergonha de cidadania e patriotismo, e cultura do conformismo.*

Receamos que, ao invés de colaborarem para um benéfico alívio de tensão ou compensação pelas frustrações e amarguras, esse fazer rir da própria desgraça, nas circunstâncias de desgaste em que se encontra a sociedade brasileira, possa estar favorecendo o desenvolvimento de um estado de depressão psíquica deste já sofrido povo, tal a obsessão por essa prática. A descrença, o ceticismo, a apatia, a desesperança e a tristeza estão se apoderando de uma gente naturalmente alegre, otimista e de mente sadia.

Não sabemos se os humoristas que assim procedem já pararam, algum dia, para pensar nisso e já se deram conta de que um aparente bem possa estar se transformando num mal coletivo. Se não estariam contribuindo para desestimular o exercício da cidadania, enfraquecer o sentimento de indignação, reforçar a acomodação e a apatia. Bem como para aumentar o escapismo e o descomprometimento dos brasileiros em relação aos seus problemas.

Devemos querer bem aos humoristas, porque seu trabalho constitui um importante alimento espiritual de um povo. Contudo, talvez pudessem dosar e adequar a ênfase e a temática de suas piadas, para que não façam, até sem perceber, um humorismo deseducativo, degenerador e influenciador de comportamento avesso ao do que realmente necessitamos.

É preciso atentar para o fato de que nosso riso anda demasiado triste, um tanto amarelo e envergonhado.

X

CULTURA DO EMOCIONALISMO E DA CICLOTIMIA

É sabido que os povos de origem latina manifestam seus sentimentos e emoções de maneira mais espontânea e intensa do que os de outra etnia. Os de origem nórdica, por exemplo, demonstram ser mais auto-controlados, mais frios e comedidos na manifestação de seus sentimentos.

Nesse particular, os brasileiros apresentam duas nuances: de um lado, deixam-se emocionar com certa facilidade, permitindo que os sentimentos interfiram com freqüência e intensidade em suas críticas, avaliações, julgamentos e decisões, em relação a assuntos de natureza política, econômica e social. De outro lado, demonstram alternâncias extremadas de sentimentos e paixões, ou *ciclotimia*: facilmente transformam o otimismo em pessimismo, a euforia em depressão, a crença em descrença, o apoio em descrédito, o endeusamento em condenação, o ufanismo em crítica. Em síntese: mudam do PT para o PDS e vice-versa, sem qualquer conflito mental.

Essa atitude dicotômica tem sido muito evidenciada em relação aos clubes de futebol — grande paixão dos brasileiros — e em relação a questões políticas. Criamos expectativas, frustramo-nos e criticamos com muita facilidade. Da mesma forma, exaltamos e condenamos pessoas e fatos, respaldamos ou reprovamos planos e medidas dos governos. De maneira impressionante, governantes, ministros, dirigentes, técnicos e jogadores são celebrados e desprestigiados de modo incrivelmente rápido e extremado. E mais: endeusamos atletas que obtêm medalha de ouro em competições olímpicas e deixamos de festejar e manifestar reconhecimento aos que ganham medalha de bronze ou alcançam honrosos quartos lugares, como aconteceu anteriormente e agora nas Olimpíadas de Barcelona.

Não cultivamos e não valorizamos suficientemente, no Brasil, o equilíbrio, a ponderação, a coerência, virtudes próprias de pessoas, organizações e sociedades maduras. Requisitos importantes para estabilidade da sociedade e das instituições. Infelizmente essas qualidades não são percebidas na maioria das pessoas que governam, analisam, criticam e formam opinião em nosso país.

Parece fato que os países mais civilizados e que obtiveram maior progresso, no decorrer de sua história, são aqueles cujo povo e dirigentes sabem controlar melhor suas emoções, e estabelecem o devido equilíbrio entre estas e a razão. Assim como o fato de que os países que encontram mais dificuldade em sua evolução e apresentam freqüentes instabilidades econômica, política e social são aqueles cujas populações revelam exacerbadas manifestações de sentimentos, paixões e ciclotimia.

Para agravar a nossa situação, tem crescido, nos últimos tempos, a disputa de audiência, entre os meios de comunicação, com maior apelo ao emocional do que ao racional dos ouvintes e telespectadores principalmente. Embora com menor freqüência, o mesmo se passa com jornais e revistas em relação aos seus leitores. Como se as pessoas em geral estivessem muito mais voltadas para o emocional do que para o racional. Pelo que se sabe, uma das principais características que distinguem o ser humano dos outros animais é, ao lado da emoção, a sua capacidade de usar a razão. Será que ainda estamos pouco desenvolvidos para isso? Ou nossos comunicadores estariam precisando aperfeiçoar-se para saber apelar um pouco mais à inteligência, ao raciocínio, à sabedoria, ao discernimento, ao bom senso, à ponderação das pessoas? Em que medida devem ser desenvolvidas a razão e a emoção? Eis uma questão da mais alta importância que precisa ser examinada com muito interesse pela sociedade.

Por oportuno encaixamos neste ponto uma referência à lamentável deterioração ética verificada nos meios de comunicação, a pretexto da disputa de audiência: jornais abusam do sensacionalismo; as TV's, com suas novelas, abusam das paixões fortes, e exageram na retratação dos conflitos humanos, familiares e sociais; as programações de filmes exploram todos os tipos de violência; os programas humorísticos, juntamente com as novelas e outros de reportagens, mostram visível obsessão pelos temas eróticos, muitas vezes tratados grosseiramente.

Acreditamos valer a pena levantar uma outra questão importante para a sociedade refletir sobre ela: essa maneira e esse grau de tratamento da emoção, da violência e do sexo apresentados nos meios de comunicação, atendem a uma real expectativa, correspondem aos naturais desejos da população? Ou a mídia, pelos motivos mencionados, estaria impingindo à população, com muita insistência, um tal tipo de programação que acaba por condicioná-la a aceitar e conviver com matérias que apelam para dramas fortes, violências e demonstrações aviltadas de sexo, em detrimento de dramas mais amenos, de erotismo mais sutil, do lúdico de natureza menos agressiva? Da nossa parte, estamos convencidos de que há muita manipulação de situações e exagerada desconsideração pela censura. Ficamos imaginando como serão os valores morais da grande maioria das crianças e adolescentes que estão assistindo a determinados programas de televisão de baixa qualidade, com excessivas apelações e, em muitos aspectos, deseducativos. Produzidos por pessoas que parecem querer impor seus valores a um grande número de pessoas com valores diferentes. No que revelam pouca *empatia*. Ou então fazem concessões ao puro interesse comercial, imposto pelo dirigentes das emissoras.

Vejamos a opinião de Carlos Alberto Di Franco, professor de ética jornalística, que escreve com freqüência no jornal *O Estado de S. Paulo*: "a televisão se viu investida de uma responsabilidade ética a que não tem sabido corresponder. Por conta da competição mercadológica, os responsáveis pela programação de TV se arrogam de uma dose notável de arbítrio que equivale a desrespeitar sem a menor cerimônia os direitos do público".

E mais: "A questão não se encerra com o argumento batido de que basta desligar o aparelho ou mudar de canal para que o inconveniente não atinja o telespectador ou sua família. A premissa desse argumento é falsa, porque omite intencionalmente a importância que os meios de comunicação social já atingiram na formação de todos, e o papel que desempenham no cotidiano de cada brasileiro".

A sociedade brasileira está, temporariamente, indefesa contra os que agridem ou tentam desconhecer princípios e valores éticos. As escolas deixaram de ensinar a matéria, as autoridades estão dando mau exemplo, a Justiça anda um tanto frágil na punição, os pais têm se tornado permissivos com receio de serem chamados de "caretas." Somos otimistas, porém, quanto à reversão desta situação, porque a sociedade, a família e as organizações dispõem de muitos anticorpos culturais para resistir às doenças de desregramento moral.

Há indícios de que estamos saindo do auge de uma era caracterizada pelo predomínio do hedonismo e grande avanço da amoralidade. E de que segundo alguns futurólogos, está por chegar uma nova fase cíclica da humanidade, em que valores tradicionais como a família, o casamento, a ética no trabalho, entre outros, serão resgatados, ainda que apresentem algumas roupagens novas.

Voltando a relacionar a questão do emocionalismo com a crise brasileira, queremos reforçar a crença de que o caráter exagerado dessa manifestação no país pode estar, somado a outros fatores, prejudicando o necessário amadurecimento que as elites e o povo brasileiro precisam ter, com certa urgência, para aperfeiçoar a organização da nossa sociedade.

XI

CULTURA DO DESPERDÍCIO

Duas explicações simplistas, mas que podem ter fundamento: a) no Brasil se desperdiça muito porque nunca passamos por uma verdadeira privação de bens e alimentos; b) tal comportamento pode ser influenciado pelo fato de o país dispor de uma natureza pródiga de recursos.

Parece não haver dúvidas de que populações de países ricos da Europa, tendo, alguns deles, vivenciado guerras e outras catástrofes, com conseqüentes privações materiais, são mais parcimoniosas nos gastos e no uso de produtos e recursos, apesar de sua melhor condição de riqueza. Parece ser verdadeiro também que populações de países carentes de recursos naturais, mesmo quando ricos, são mais controlados no seu uso.

A vida continua sendo a melhor escola, e aqueles que passam por privações adquirem maior senso de economia e parcimônia. Os brasileiros não foram educados nem pelas escolas e nem pela vida, no sentido de desenvolver o espírito de racionalidade e economia, assim como a consciência da necessidade de administrar com critério e moderação tanto os recursos de que dispõem e de que se servem, quanto os bens que utilizam.

Lembramo-nos de ter lido em algum lugar que a ciência da economia existe porque há insuficiência de recursos no mundo. Assim sendo, é necessário aprender a utilizá-los e administrá-los bem.

O desperdício, no Brasil, ocorre em todos os lugares: é enorme nos serviços públicos, mas é grande também nas empresas privadas, nos restaurantes (é um absurdo o desperdício nas churrascarias que operam no sistema de rodízio), nos lares, nos clubes, nos hotéis. Desperdiça-se tempo, espaços, potencial de mão-de-obra, materiais, alimentos, energia, combustível e toda sorte de recursos.

Dados divulgados pela imprensa dão como estimativa um desperdício equivalente a 50 bilhões de dólares (dado publicado em 18/8/92) a cada ano, no Brasil. Luxo muito grande para um país com imenso índice de pobreza. E que precisa de muitos recursos para investir em seu progresso e em urgentes e básicos programas sociais.

Mesmo nas empresas mais bem-organizadas e controladas e onde, portanto, se dispõe de melhores condições para administrar os recursos, o desperdício ainda é exagerado e ocorre porque elas continuam colocando em segundo plano a qualificação gerencial. A maior parte delas não foi verdadeiramente colocada à prova em termos de competência administrativa, pela falta de concorrência efetiva e pela facilidade com que se repassava a ineficiência e o desperdício para os custos dos produtos e dos serviços.

O desperdício é uma questão de educação e gerenciamento. Ainda temos pouca consciência da importância do senso de economia e da capacidade gerencial. O desperdício é um hábito que revela imaturidade, incompetência e pouca civilidade. E que afronta a pobreza.

A educação contra o desperdício é mais um imperativo cultural em nosso país. Para desenvolver o hábito inteligente e civilizado de não desperdiçar, será necessário uma grande e persistente campanha de conscientização, envolvendo as escolas, os órgãos de treinamento das organizações, as associações comunitárias, os meios de comunicação em geral.

Gostaríamos de registrar, nesta oportunidade, o nosso inconformismo, tantas vezes manifestado em palestras e reuniões, com o fato de que as escolas de 1º e 2º graus ensinam diversas matérias que não têm qualquer utilidade prática para a vida, revelando-se pura cultura inútil, em detrimento de outras de real aplicabilidade e importância, tais como: a questão do desperdício, cidadania, convivência social e comunitária, relações humanas, prevenção contra doenças, entre outras.

Os responsáveis pela educação no Brasil deveriam levar isso em consideração, com toda urgência.

XII

CULTURA DO TEORISMO E DO TECNICISMO

Eis um tipo de problema cultural que apresenta como peculiaridade ser menos percebido como negativo do que os demais relatados nesta primeira parte do livro.

A sociedade brasileira valoriza em excesso a cultura geral — muitas vezes de pouca aplicabilidade prática —, a erudição, o diploma, o *curriculum vitae*, o discurso bonito. Ao contrário, prestigia pouco a objetividade, a simplicidade, o pragmatismo. Uma explicação bastante plausível para esta realidade é o fato de os programas de ensino das escolas brasileiras enfatizarem mais o *saber saber* e se dedicarem pouco ao *saber fazer*, à exceção de algumas matérias inevitavelmente práticas.

Outra causa provável consiste em que a erudição e a cultura geral têm muito mais charme do que a realização de tarefas. A exibição de conhecimentos e de intelectualismo impressiona a maioria das pessoas, mesmo as mais humildes, e dá *status* social.

A resultante negativa disso: temos sido competentes para formular planos conceituais, elaborar projetos sofisticados, oferecer soluções teóricas abundantes, esnobar tecnicismo, todavia incompetentes para resolver problemas, promover mudanças necessárias, fazer acontecer, com sucesso, realizações prioritárias e urgentes.

Como exemplo, tomemos a forma como tem sido tratada a problemática econômica do país: a respeito do assunto já foram escritos vários livros e uma grande quantidade de artigos técnicos e eruditos; foram proferidos centenas de discursos e palestras; outras centenas de entrevistas foram concedidas a revistas, jornais e TV. Em grande parte das vezes, as soluções teóricas apresentadas pareciam corretas e bem fundamentadas e mostravam condições de viabilidade. As belas teorias, contudo, ou ficaram no discurso ou tiveram sua operacionalização frustrada pelas dificuldades encontradas.

Interessante observar que alguns ministros da economia propuseram soluções técnicas (raras vezes estratégicas) para resolver a crise, antes e depois de ocuparem aquele cargo, mas não conseguiram ou souberam solucionar o problema quando no posto.

Muitos intelectuais e especialistas parecem contentar-se só com o emitir opiniões e pareceres, com o fazer análises perfeccionistas, com o debater questões, como se tudo isso tivesse um fim em si mesmo. Peter Drucker, um dos papas da administração, conhecedor do ambiente empresarial e técnico de diversos países, observou: "ao longo dos anos, alguns executivos conseguem realizar tudo que propõem, enquanto outros nada fazem de prático. E são os mais brilhantes e inteligentes que fazem menos, parecendo sofrer a ilusão de que ser brilhante já é o suficiente para se exercer um cargo".

Para evitar que continuemos produzindo apenas brilhantes cabeças e grandes teóricos, seria desejável que fossem introduzidos nos currículos das escolas técnicas e universidades, bem como nos programas de treinamento das organizações, objetivos e matérias direcionados para o desenvolvimento do espírito empreendedor, da capacidade de realização prática, da habilidade de execução. Também para o desenvolvimento de maior senso de objetividade, pragmatismo e eficácia.

O mundo moderno exige dos governos e das organizações respostas mais rápidas. Assim sendo, desenvolver a capacidade de empreender, a habilidade de realizar, o senso de objetividade, oportunidade e prioridade, deveria ser visto como uma questão de grande importância e urgência por parte de educadores e de técnicos que assessoram as organizações públicas e privadas.

Como fecho deste capítulo, apresentamos algumas citações a propósito:

"O principal objetivo da vida não é o conhecimento, mas a ação."
Thomas Huxley

"O conhecimento que não é aplicado está despojado de significado."
A. N. Whitehead

"Visão sem ação não passa de um sonho.
Visão com ação pode mudar o mundo."
Joel Arthur Barker

"Se um homem tem um talento e não tem a capacidade de aplicá-lo, ele fracassou."
Thomas Wolfe

Apesar do anonimato em relação ao seu autor, esta afirmativa encerra uma grande verdade:
"O importante na vida não é *ser, ter* ou *parecer,* mas *realizar, construir* e *desenvolver*".

XIII

CULTURA DO CORPORATIVISMO

Corporativismo é a atuação de grupos ou associações (corporações) com vistas à defesa de seus interesses exclusivos, sem levar em conta regras sociais básicas e os interesses maiores da coletividade e do país. Tal como a *cultura inflacionária* e a da *politicagem* e *fisiologismo*, principalmente, a cultura do corporativismo constitui um tipo especial de problema, não somente por causa de seu grande poder maléfico, mas também porque tem a capacidade de desdobrar-se e gerar outros.

O corporativismo cresce quando um país se desorganiza e se debilita. É estimulado pela onda do "salve-se quem puder". A realidade do Brasil nos últimos tempos mostrou uma crise prolongada, desgastante e degenerativa de valores e costumes, com o governo intervindo periodicamente na economia, provocando reações de defesa. Sob o pretexto de resguardar direitos e interesses ameaçados e de perda de credibilidade nos dirigentes e políticos, organizações e associações comuns tornaram-se corporativistas, embarcando na onda geral. Tem sido de tal forma a ocorrência deste fenômeno que já constitui *status* formar ou dar caráter corporativista às associações de cidadãos, de profissionais, de empregados, de empresários e de outras classes. Se já não existe, só falta ser criada a Associação dos Lobbistas do Brasil. Um fato que pode, junto com outros, marcar a década de 80, no Brasil, de infeliz memória, é o do crescimento e fortalecimento do corporativismo.

Algumas vezes com justificativa, em outras não, a verdade é que a ação de muitos dos grupos ou associações corporativistas está dificultando a solução da crise econômica, social e política do Brasil, para defender privilégios, benefícios e facilidades obtidas. Os principais grupos corporativistas que têm dificultado a solução da crise econômica — especialmente o combate à inflação — e a modernização das instituições públicas e governamentais são: grupos instalados dentro do "sistema", que dominam a máquina estatal, as empresas que formam cartéis, as centrais sindicais, as assembléias legislativas e a Câmara dos Deputados, assim como os partidos políticos de oposição sistemática. E ainda os de adesão constante.

Ainda que os sindicatos cumpram papéis legítimos e tenham tido comportamento adequado muitas vezes, não deixam de ser, em diversas ocasiões, corporativistas. Outras organizações que podem, eventualmente, tornar-se corporativistas são, por exemplo:

- Associações de categorias econômicas (industriais, comerciantes, feirantes, etc.).
- Associações de profissionais liberais (advogados, médicos, engenheiros, administradores, contadores, etc.).
- Associações de profissionais autônomos (despachantes, guardadores de carros, carregadores de malas, etc.).

Em alguns destes grupos, o "espírito de corpo" é maior do que o de cidadania, na defesa da negligência ou incompetência de qualquer dos associados.

Muitas dessas organizações se inspiram, ao que parece, em duas instituições fortemente corporativistas: na máfia, como "filosofia" (proteção, reciprocidade, divisão de vantagens, conivência); no sindicato, como forma de ação (unir, reivindicar, defender). O povo, em sua sabedoria, já se habituou a cognominar de máfia as associações mais fortes.

Após tantas perdas e desgastes sentidos por quase todos os setores da sociedade, durante a prolongada crise brasileira; após o fracasso dos vários planos econômicos, e após a sofrida constatação de que a inflação não cede sem que se adotem medidas temporárias de sacrifício, é inconcebível verificar que os principais grupos corporativistas, especialmente os de empresas, continuam dificultando a adoção de medidas de combate à inflação. Isto comprova que a *cultura do imediatismo* perdura muito forte. E que esses grupos e associações estão determinados a ignorar os interesses da sociedade e do país.

O crescimento das diversas formas de corporativismo — fenômeno não exclusivo do Brasil, mas muito intenso e abrangente aqui — tende a ser um dos problemas mais sérios para a sociedade moderna, sujeita a vários tipos de crise (estamos na era da descontinuidade). Isto porque, na medida em que as forças que defendem interesses grupais e classistas passam a sobrepujar aquelas que se dedicam ao interesse coletivo e ao bem comum, criam dificuldades para solução dos problemas comunitários, regionais e nacionais.

Bem como para a efetivação de mudanças que a evolução do mundo impõe.

Conforme escreveu recentemente o jornalista Mauro Chaves, "é chegado o momento de a sociedade se *descorporativizar* em algum grau, a fim de que as categorias profissionais, entidades de classe e agrupamentos de membros de instituições de quaisquer espécies recuperem o sentimento primordial de pertencer ao Brasil".

Pelo menos para que possamos sair da crise, durante algum tempo é necessário que o espírito *cooperativo* prevaleça sobre o espírito *corporativo*.

As soluções para o enfraquecimento do corporativismo são as mesmas destinadas a tirar o país da crise: estabilidade da economia, governo que conquiste a credibilidade pela competência e seriedade, recuperação do padrões éticos pela sociedade e maior exercício da cidadania por parte dos brasileiros.

XIV

CULTURA DA POLITICAGEM, FISIOLOGISMO E NEPOTISMO

Se existe uma unanimidade nacional, é quanto ao descrédito e decepção dos brasileiros em relação à sua classe política. Contudo, essa unanimidade de opinião e sentimento da população não têm sido suficientes para mudar a situação, para sensibilizar ou chocar a maior parte dos políticos, os quais parecem não possuir ou ter perdido a capacidade de se envergonharem.

O povo acreditou que pudesse melhorar a qualidade da classe política, através do voto, nas eleições de 1990, deixando de reeleger significativa parcela dos deputados federais, estaduais e vereadores. Mas frustrou-se mais uma vez. Pelo visto, a nova safra de políticos parece ter sido contaminada pelo vírus que domina o ambiente dos partidos e das casas onde atuam os vereadores, deputados e senadores. Ainda que muitos cheguem lá dotados de boa fé e de bons propósitos, acabam sendo convertidos pelos fisiologistas. As instituições políticas estão de tal forma obsoletas e viciadas em sua organização e forma de atuar, que votar em candidatos diferentes e em partidos novos demonstrou não ser o bastante para resolver o problema.

Para complicar as coisas, existe um círculo vicioso. Cabe aos próprios políticos mudarem as suas organizações. Porém, o sistema corporativista que criaram os predispõe a não desejar fazê-lo. Será necessário, para que isto aconteça, uma grande pressão da sociedade.

A *cultura da politicagem*, juntamente com a *cultura inflacionária* e a *cultura do corporativismo* constituem os mais perniciosos males que afligem a nação brasileira. É preciso insistir na lembrança de que são elas as principais responsáveis pelo estado de decadência das instituições, pelo assustador crescimento da corrupção e pelo emperramento do país, que há doze anos se encontra sem crescimento econômico significativo.

A cultura da politicagem e do fisiologismo tem, como particularidade, o fato de ser a "doença" mais antiga da sociedade brasileira. Surgiu logo que o Brasil começou a ser colonizado. Vejamos um trecho de uma das colunas diárias de Joelmir Beting, publicadas em jornais de diversos estados, o qual se refere tanto à questão da antiguidade como à do caráter desta doença cultural:

"Tudo começou com Pero Vaz de Caminha, em 1? de maio de 1500, na histórica carta a Dom Manuel, rei de Portugal:, 'Vossa Alteza há de ser de mim muito bem servida. A ela peço que, por me fazer graça especial, mande vir da Ilha de São Thomé a Jorge de Osório, meu genro — o que Dela receberei em muita mercê...' No primeiro documento da História do Brasil, um pedido de nomeação de um parente. De lá para cá, deu no que deu'''. No mesmo artigo, Joelmir Beting fala do "efeito Caminha" que nos acompanha na política, na economia, no esporte, na religião, na cultura.

O congresso, as assembléias e as câmaras de vereadores têm se comportado como indecorosas corporações, porque freqüentemente legislam em causa própria de maneira abusiva, sem o menor constrangimento. A classe política acumula uma série de feitos negativos: é grande agente inflacionário, por ser a maior causadora dos déficits públicos que, por sua vez, são os principais responsáveis pela manutenção da inflação. É grande agente corruptor, visto ser grande parte dos seus membros representantes dos poderes econômicos e de outras corporações, com missão, muitas vezes, de exercerem o tráfico de influência, conseqüência do que introduziram e institucionalizaram no país a política do "toma lá dá cá"; porque desvia verbas do governo para aplicar em seus "currais eleitorais"; porque muitos de seus membros se elegem com apoio financeiro de empresas, para depois favorecê-las nas compras e outros negócios realizados pelos órgãos públicos. O Congresso e as Assembléias Legislativas conseguem ser as instituições mais bem dotadas de recursos humanos, materiais e financeiros do país, e, ao mesmo tempo, as mais improdutivas. Além de trabalharem menos do que o normal e de legislarem pouco, ainda boicotam, algumas vezes, iniciativas do poder executivo, nas três esferas de governo: federal, estadual e municipal.

O espírito de fisiologismo (troca de favores) e do nepotismo (emprego e vantagens para parentes e amigos) está fortemente arraigado em nossos políticos. Um deputado federal mineiro declarou com a maior tranqüilidade, no programa de televisão "Globo Repórter" que o número de nomeações conseguido por um deputado deve ser considerado um medidor de seu bom desempenho, e que constitui um dos objetivos do cargo. Que triste realidade!

Como é grande o número de deputados federais, estaduais e de vereadores, a prática generalizada do fisiologismo e nepotismo acaba por envolver boa parte da população, levando-a a ficar conivente com este grande mal. E, por estar a outra parte acomodada, em relação a esta prática, os políticos costumam afrontar a sociedade com escandalosas nomeações de parentes e amigos.

Uma outra conseqüência, talvez mais negativa, da politicagem e do fisiologismo é a ineficiência e desperdício nos serviços públicos e nas estatais, resultantes da nomeação de correligionários e amigos para os cargos de direção e gerência, sem atentar para o critério de qualificação e competência. Como desdobramento, resulta a descontinuidade de serviços, planos e projetos; a desmotivação de funcionários de carreira, a baixa produtividade, a insatisfação dos usuários que, embora sustentem os órgãos públicos, deles recebem, em troca, mau atendimento, filas quilométricas, cobranças excessivas de taxas, benefícios previdenciários mínimos, ridiculamente corrigidos, etc., etc.

A reforma na política deve começar pelos partidos, os quais estão dominados por "donos", "caciques" ou "curriolas" que manipulam as situações: conchavos, obtenção e uso de verbas, distribuição de cargos, seleção de candidatos, etc, o que tem desestimulado pessoas idealistas a ingressarem nos partidos.

Como reconhecemos ser pouco provável qué essa situação venha a mudar, a curto ou médio prazos, pela evolução normal dos acontecimentos, alimentamos a esperança de que venham a ocorrer fatos inesperados e surpreendentes, oriundos da inspiração e reação súbita das silenciosas e adormecidas forças morais da sociedade. Algo parecido com a queda do muro de Berlim. De repente a população acorda, se dá conta da grande causa de seus problemas, resolve unir-se e agir, e, então, algo que parecia impossível acontece. Não é proibido sonhar. Quem sabe, em cada cidade, um maior número de pessoas honradas, qualificadas, descomprometidas, sensíveis aos interesses da coletividade resolva sair do seu anonimato, do seu comodismo, e se disponha a promover um grande movimento de moralização da política e derrubem o nosso *Muro de Berlim*, ou *muro da vergonha*, como alguém já denominou, que é a politicagem, fisiologismo e nepotismo, na intensidade e grau existente, no Brasil.

Como dissemos no início, a classe política desfruta de uma péssima imagem no meio de toda a sociedade. Seria, portanto, dispensável recorrer a outros recursos de argumentação. Contudo, acreditamos que pode ser um reforço conveniente a transcrição de alguns depoimentos, em função de seu autor ou de algum detalhe interessante:

"O deputado, no dia seguinte em que é eleito, vira as costas

para o eleitorado. O povo é soberano até depositar o voto, depois acaba a soberania."
>Desembargador Antônio Carlos Alves Braga
>Presidente do TRE — SP

"Os políticos não permitem que se façam as coisas que o país inteiro apoiaria. Não querem saber do interesse do país, mas do que pode dar votos."
>Luiz Simões Lopes
>ex-Presidente da F.G.V.

"Políticos medíocres costuram acordos medíocres e produzem países medíocres."
>Stanislav Shatalin
>Economista Soviético

"O sistema político atual é anacrônico e incapaz de proporcionar acordos mais sólidos."
>Antônio Kandir

"Nos últimos anos a sociedade brasileira avançou em todos os aspectos. Os trabalhadores abandonaram o discurso roto de só pedir aumentos, os empresários passaram a se preocupar com a eficiência e redução de custos e o governo está gastando menos. Só o sistema político não evoluiu."
>Mailson da Nóbrega
>ex-Ministro da Fazenda

"O vazio entre a sociedade e o setor político decorre do longo processo de corrosão institucional, caracterizado por uma histórica tradição de favorecimentos, promessas não cumpridas, prevalência de valores individualistas sobre ideais de justiça social e desleixo dos agentes políticos em torno de sua missão... A visão do político brasileiro é capenga e é acentuada pelos descompromissos das entidades a que estão ligados. Os partidos políticos nacionais não passam de aglomerados e frentes de interesses difusos... Neste cenário de incultura, vicejam a corrupção e o familismo amoral, que se apóiam na institucionalização do clanismo e do grupismo."
>Gaudêncio Torquato
>Jornalista e Professor da USP

Em favor da tese principal deste livro, Gaudêncio Torquato disse, no mesmo artigo: "A maior crise brasileira é, portanto, de natureza cultural. Não teremos políticos honestos, instituições sadias, estruturas sólidas, governantes inspirados nos ideais mais puros do bem comum, enquanto não ocorrer uma revolução cultural".

A nossa proposta é exatamente a de contribuir para a promoção dessa revolução cultural, atacando os alvos que nos parecem certos, que são as *doenças culturais* identificadas e com a talvez única estratégia viável, que é a do amplo e determinado exercício de cidadania, com objetivos definidos e métodos adequados. Por isso, dedicamos a segunda parte do livro às questões práticas e de métodos aplicáveis ao desenvolvimento da cidadania.

XV

CULTURA DO CONFORMISMO

Acostumados e desencantados com a eternização de um comportamento político de baixo nível, com governos incompetentes, com corrupções impunes em todos os setores, com a progressiva decadência das instituições, com a deterioração dos costumes, inclusive com a conivência ou colaboração de uma mídia que disputa audiência por meio de programas deseducativos e apelativos, os brasileiros foram se deixando dominar pelo mal do conformismo. Atitude comparável à de um doente que vê seu organismo se definhando, mas não se dispõe a reagir. Falta-lhe a descoberta de que o remédio está dentro de si mesmo: a consciência da cidadania, que precisa apenas ser estimulada. No caso, contribui para a cultura do conformismo a crença de grande parte da população em obra do destino ou desígnios de Deus, quando, na verdade, a obra é dos homens desprovidos de boa vontade e de caráter aqui da terra mesmo. Essa postura debilita ainda mais o já fraco espírito de cidadania. É preocupante ver como tem aumentado a freqüência de expressões do tipo: "o que fazer?", "se Deus quer assim...", "deixa pra lá", "tudo bem".

O conformismo, a acomodação e a apatia da população chegaram a essa condição doentia porque ela não vê sinais adequados e suficientes de reações e mudanças por parte das lideranças e organizações políticas e civis da sociedade, exceção feita a isoladas e acanhadas iniciativas. Mesmo entidades como os sindicatos, com seus movimentos de protestos e reivindicações, não conseguem esconder, em muitos casos, objetivos oportunistas e interesseiros. Fazendo aumentar mais ainda o descrédito do povo.

O conformismo, que pode ser considerado uma demonstração de fraqueza do espírito de cidadania, constitui uma doença perigosa porquanto permite a proliferação das demais doenças anteriormente descritas. Começar a reagir a ela representa o começo da virada que o povo e a sociedade brasileira precisam dar *para passar o Brasil a limpo*, como costuma dizer Boris Casoy em seu telejornal.

Como sugestão para isso, vejamos o depoimento da psicóloga Lígia Marcondes Machado, em trecho de entrevista concedida ao jornal *O Estado de S. Paulo*, cuja matéria recebeu o título "Crise Agrava a Apatia da População":

"*Estado* — Há um remédio contra a apatia?

Lígia — Há uma vacina contra a apatia: mostrar que a atuação das pessoas é importante e que vale a pena lutar contra a desesperança. Existem muitas maneiras de mostrar isso.

Estado — Como?

Lígia — Vamos voltar ao caso dos ratinhos de laboratório. Para descondicionar os animais que parecem não ter mais energia para se livrar dos choques, o único jeito é forçá-los com a mão a atravessar a abertura que leva ao outro lado da caixa. Depois de algumas vezes, eles aprendem a fazer o caminho sozinhos. No nosso caso, é preciso mostrar que o conformismo com a situação atual não é unânime. Quem não perdeu a capacidade de indignar-se deve mostrar isso, servir de modelo para que os outros possam mudar de conduta. É o caso da CPI: se mostrar um mínimo de seriedade e honestidade, servirá de modelo para as pessoas e para o País. Caso contrário, será o descrédito total".

Fazemos nossas as sugestões da psicóloga às lideranças e pessoas influentes da sociedade para que esclareçam, dêem exemplos, produzam fatos, objetivando estimular um maior número de brasileiros a abandonarem a atitude de conformismo e a se comportarem como cidadãos exigentes e ciosos de seus direitos e deveres.

XVI

UMA SÍNTESE FINAL

Queremos crer que a classificação das *doenças culturais*, a seguir apresentada, além de resumir a essência do problema, pode fornecer um interessante entendimento complementar do mesmo:

1. As que mais favorecem e reforçam a manifestação de outras: A CULTURA DO NEGATIVISMO influencia a *cultura da baixa auto-estima*, da *vergonha de patriotismo e cidadania*, do *piadismo ou rir da própria desgraça* e do *conformismo*.
A CULTURA DA POLITICAGEM E FISIOLOGISMO influencia a *cultura inflacionária*, do *corporativismo* e da *esperteza*.
2. As que mais dificultam a solução da crise e impedem a retomada do progresso do país: a *cultura inflacionária*, da *transferência de responsabilidade*, do *imediatismo*, do *corporativismo* e da *politicagem e fisiologismo*.
3. A que precisa de tratamento *urgente*: a *cultura inflacionária* — porque desse resultado depende a solução de muitos outros problemas, como o reaquecimento da economia, a geração de emprego, a recuperação do poder aquisitivo, a melhoria da qualidade de vida, a recuperação da arrecadação de contribuições e tributos pelos órgãos públicos e governamentais, para permitir-lhes cumprir seus compromissos e realizar as obras necessárias.
4. As que constituem *doenças crônicas* e, portanto, de mais difícil tratamento: *cultura do negativismo*, do *emocionalismo e ciclotimia*, do *teorismo e tecnicismo*, do *corporativismo* e da *politicagem e fisiologismo*. Outra razão dessa dificuldade é o fato de os principais portadores destas doenças, exceto no caso da cultura do emocionalismo e ciclotimia, pertencerem às elites dominantes e influentes do país.

5. As mais fáceis de serem curadas ou minimizadas, com um bom tratamento orientativo/educacional: *cultura da esperteza*, da *transferência de responsabilidade*, do *imediatismo*, da *baixa autoestima*, da *vergonha de patriotismo e cidadania*, do *piadismo*, do *desperdício* e do *conformismo*.
6. As que, pelo seu conjunto de fatores e influências negativas, são as mais *malignas*: *cultura inflacionária*, do *negativismo*, do *corporativismo* e da *politicagem e fisiologismo*.

Acreditamos que, a esta altura, o leitor terá concordado com o fato de que, reunidos e caracterizados (ainda que sinteticamente), esses aspectos negativos de natureza cultural da sociedade brasileira adquirem grande significação por constituírem parte importante do diagnóstico da crise brasileira. Merecedores, portanto, de maior atenção por parte de quem tenha influência, direta ou indireta, nos destinos do país.

Em nossa maneira de ver — e é a tese deste livro — todos os cidadãos podem e devem influenciar nos rumos da nação. Porém, existem organizações e pessoas que ocupam posições especiais com maior capacidade de fazê-lo: imprensa, federações, sindicatos, associações de profissionais liberais, entidades de ensino, intelectuais etc.

Segunda Parte

Cidadania e outros avanços culturais

XVII

APERITIVOS

"Não pergunte o que o país pode fazer por você, mas o que você pode fazer pelo país."
John F. Kennedy

"As pessoas é que fazem a história. Portanto, a tarefa de reestruturação é despertar aquelas pessoas que 'caíram no sono', é garantir que cada um sinta que é dono do país."
Mikhail Gorbachev

"Precisamos, todos nós, estar cientes de que são os cidadãos que constroem a sociedade, não os governos."
Victor Civita

"A história de todos os países mostra que é a sociedade que muda mentalidades, e não a elite."
Ricardo Semler

"Vamos lá, meu povo
Democracia é participar
Vote, cante e grite
É tempo de mudar
Seu deputado, eu votei
Agora posso exigir
Quero ver você cumprir."
G. R. Escola de Samba Caprichosos de Pilares

"O Brasil é feito por nós. Só falta desatar os nós."
Paulo Moscardim — motorista de táxi

"Não vamos nos dispersar."
Tancredo Neves

De nossa parte, acrescentamos:
Só com a prática regular da cidadania, um povo pode tornar-se e manter-se civilizado.

XVIII

CIDADANIA:
UM DESAFIO EDUCACIONAL

Temos visto pessoas falarem ou escreverem algo parecido com "necessidade de se resgatar a cidadania no Brasil". Queremos crer tratar-se de uma idéia incorreta, visto que não se pode resgatar aquilo que nunca existiu. Pelo menos, no sentido mais amplo com que concebemos a cidadania. Quer nos parecer que a tarefa é outra: despertar os brasileiros para a cidadania e educá-los para praticarem-na com naturalidade e constância.

Cidadania é um estado de espírito e uma postura permanente que levam pessoas a agirem, individualmente ou em grupo, com objetivos de defesa de direitos e de cumprimento de deveres civis, sociais e profissionais. Cidadania é para ser praticada todos os dias, em todos os lugares, em diferentes situações, com variadas finalidades. Não se pode confundir cidadania com atos isolados e eventuais de protestos e reivindicações, muitas vezes justos, porém efêmeros.

Devemos cogitar de desenvolver em nosso povo a consciência de cidadania, agora que existem as condições políticas favoráveis para isso. Precisamos considerar a cidadania como um avanço cultural. Os brasileiros não tiveram, até há pouco, oportunidade de educar-se para a cidadania, razão por que é fraca sua idéia e consciência a respeito dela. A sua capacidade e poder de transformar qualitativamente a realidade tem se encerrado no momento em que deposita seu voto na urna.

O dicionário define cidadania como qualidade ou direito de cidadão. E cidadão como sendo o indivíduo no gozo de seus direitos civis e políticos de um Estado. Raras vezes os brasileiros gozaram plenamente de seus direitos civis. Mesmo agora, com a democracia quase consolidada, as instituições estão de tal forma viciadas pelas manipulações e abusos de poder, que os direitos dos cidadãos persistem um tanto cerceados.

A bem da verdade, é preciso ser dito que devem ser poucas as nações onde a consciência e a prática de cidadania estejam suficientemente desenvolvidas. O mundo assistiu a milênios de tirania, opressão e autocracia. A democracia, à exceção de poucos momentos anteriores na história da civilização, só é praticada faz apenas dois séculos. Mesmo assim, não é grande o número de países que a conquistaram há mais tempo. Os da América Latina só recentemente se livraram da ditadura. Vale observar ainda que não somente a autocracia e a opressão inibem o exercício da cidadania. O paternalismo e a tutela do Estado também, aceitos que são pela maioria das pessoas por comodismo. A "lei do menor esforço" é a mais seguida em todas as partes do mundo.

Insistimos em que estamos falando de um novo e importante item de evolução cultural que as sociedades desses países devem incluir em seus ideais e objetivos. Por ser ainda incipiente a idéia de cidadania entre nós, ela não consta, clara e adequadamente, dos objetivos e currículos escolares. As escolas, que deveriam ter a responsabilidade principal de educar para a cidadania, são omissas em relação a isso. Existe parca bibliografia a respeito, e nos próprios dicionários e enciclopédias o conceito de cidadania não vai além da explicação do seu significado literal. Acreditamos, porém, ser necessário alargar a idéia de cidadania para abrir novos horizontes e novas possibilidades para a atuação das pessoas em sociedade, em benefício dela mesma, de maneira individual e coletiva. Ilustraremos isso nos próximos capítulos.

Urge que os brasileiros eduquem-se para a cidadania, porque os problemas mais fundamentais que o país acumula não serão solucionados sem a efetiva participação da sociedade, através de uma mobilização inteligente e objetiva de seus setores organizados e da população em geral. É necessário que haja um grande esforço de multiplicação do espírito e postura de cidadania para permitir aos brasileiros resolver *mais rapidamente* seus problemas críticos e crônicos. A consideração do fator tempo é crucial porque já o perdemos em demasia. São doze anos de estagnação e decadência e, em época de mudanças rápidas como a que vivemos, perder tempo acarreta prejuízos redobrados. Lembremo-nos de que, nos últimos 70 anos, surgiu a quase totalidade das invenções da civilização ocidental. Assim sendo, é preciso mobilizar todos os tipos de liderança e de pessoas de influência para ativar os grupos formais e informais da sociedade, transformando-os em agentes aglutinadores e educadores, ou agentes promotores de campanhas de cidadania.

Sendo uma questão fundamentalmente cultural, de mentalidade e hábito, a prática sistemática de cidadania só se tornará uma realidade, insistimos, através de processos educacionais persistentes, os quais podem ocorrer em qualquer lugar: nas escolas, nos lares, nas empresas, nos clubes, nas igrejas, nos sindicatos, nas associações profissionais e comunitárias e através dos meios de comunicação.

Não é possível esperar que a educação para a cidadania se restrinja ao ensino básico das escolas, porque se levará tempo para mudança de currículos e reciclagem de professores. E porque, neste caso, só teríamos *bons cidadãos* daqui a duas gerações e a nação perderia muito em termos de evolução cultural, política e social.

A questão da cidadania precisa ser encarada com muita objetividade, não sendo aconselhável perder-se tempo com discussões acadêmicas, objetivando explicações históricas (seria necessário retroagir ao início da civilização) e busca de responsáveis pela inibição à prática da cidadania, como gosta de fazer boa parte dos intelectuais. Tal atitude poderia ajudar a compreender o problema, mas não a resolvê-lo.

Como se viu na primeira parte deste livro, a maioria das doenças culturais desenvolveram-se em razão do pouco exercício da cidadania. O povo que não a pratica não consegue constituir uma sociedade organizada, integrada, com instituições sólidas, eficientes e respeitadas. Deixa-se ser mal governado, desrespeitado, afrontado. Torna-se objeto de toda sorte de explorações e abusos. Como resultante do prolongamento de uma tal situação, desenvolvem-se condicionamentos psicológicos e comportamentos indesejáveis, dificultando ainda mais o desenvolvimento da cidadania, o que, por sua vez, fragiliza mais a sociedade. As conseqüências de todo esse desdobramento de causas e efeitos, a partir da falta de cidadania, estão evidenciadas em muitos aspectos da crise brasileira.

Observamos crescerem no Brasil iniciativas que sinalizam o despertar da consciência de cidadania, como decorrência do excesso de abusos que governos, alguns empresários e algumas instituições públicas têm cometido contra a sociedade. Mas ainda é um movimento acanhado. Ademais, não deveríamos esperar que a cidadania evolua somente como reação de indignação a esses fatos. Convém que seja uma evolução natural, consciente e sistemática, resultante de uma melhor educação e de um maior amadurecimento da nação como um todo.

XIX

Transformando Indivíduos em Cidadãos

Possivelmente a exemplo do que costuma fazer o partido de oposição no parlamentarismo britânico, o PT, Partido dos Trabalhadores, que disputou e perdeu o segundo turno das eleições presidenciais de 1989, tentou um governo paralelo que não deu certo. Não só porque não evoluímos politicamente como os ingleses, mas também porque o PT acreditou poder fazê-lo sozinho, sem experiência de situações anteriores e sem envolvimento da sociedade.

Acreditamos que o mais natural, legítimo e eficaz governo paralelo é aquele feito pela própria sociedade, através de uma ampla, organizada e sistemática prática de cidadania. Ou seja, a sociedade fazendo a sua parte: criando e assumindo seus papéis e responsabilidades no controle da atuação dos partidos e dos políticos, no controle da administração dos bens públicos, na exigência de melhor prestação de serviço pelas entidades públicas, na pressão pela modernização das leis trabalhistas, criminais e outras, na solução de seus problemas comunitários, etc.

Exercer a cidadania, exigindo direitos, reclamando contra abusos, agindo contra a ineficiência e descaso de entidades oficiais, reivindicando melhor qualidade de vida, entre outras atitudes do gênero, não deve ser confundido com revolta, indisciplina ou desobediência civil. Principalmente se as ações forem ordeiras e civilizadas. Trata-se, pelo contrário, de uma atitude legítima e desejável. Afinal de contas, quem sustenta os órgãos governamentais é a população, cabendo-lhe o dever de controlar a atuação dos governantes e de ser exigente em relação ao seu desempenho e conduta. A prática da cidadania deve ser vista como uma ação de civismo e natural dentro da organização social, que substitui, na democracia, as revoltas e manifestações agressivas inspiradas pelos regimes de opressão.

O mundo torna-se progressivamente mais complexo e a vida em comunidade cada vez mais difícil. Como conseqüência, governar e administrar estão se tornando também tarefas mais complicadas. Razão pela qual deverá ser menos aceitável ainda a alienação, a omissão ou transferência de responsabilidades, no que diz respeito às questões políticas e sociais, por parte da população e dos setores organizados da sociedade.

Existirão duas dificuldades maiores que a sociedade precisará superar, a fim de ser bem-sucedida na grande empreitada que constitui seu auto-desenvolvimento para a cidadania: a primeira será mudar mentalidade e hábitos dos seus membros. Isto exigirá um grande esforço de sensibilização e doutrinação da parte dos educadores, comunicadores, líderes, chefes e pais. A segunda consiste no fato de a cidadania exercida por grupos ser uma prática pulverizada, difícil de ser conduzida e somada (permitindo criar uma sinergia). Isto exigirá maior dedicação e maior esforço organizacional por parte dos grupos formais e informais da sociedade dispostos a engajarem-se no movimento. Oferecendo uma contribuição para isto, estaremos apresentando, no próximo capítulo, um modelo prático e bem-sucedido de organização e atuação em pequenos grupos, desenvolvido pelos japoneses. Neste, queremos destacar a idéia da sistematização e multiplicação das ações *individuais* de cidadania. O que quer dizer, da cidadania no seu mais fiel sentido.

Já está por demais enfatizada a importância e a necessidade de serem desenvolvidos espírito, motivação e hábitos de cidadania, e que isto requer um processo educacional conscientizador intenso e persistente. Assim sendo, é imprescindível que, pelo menos, a arrancada inicial seja dada através dos principais comunicadores e dos formadores de opinião que contam com espaços na mídia. Existem no Brasil, felizmente, muitas organizações que já demonstraram disposição de patrocinar e apoiar campanhas de orientação pública. Assim como existem muitas pessoas famosas e influentes também dispostas a oferecer colaboração em campanhas de cunho cívico.

Para servir de referência e favorecer a ação de agentes multiplicadores que se dispuserem a dar sua contribuição, assim como das pessoas que deliberarem a, por conta própria, fazer sua campanha particular em prol da intensificação da prática de cidadania, permitimo-nos lembrar e sugerir pequenas, mas importantes, ações e posturas:
- Não jogar lixo em logradouros públicos, inclusive nas praias.
- Respeitar as regras de trânsito.
- Não furar filas, e desestimular que outros o façam.

- Não desperdiçar água, energia, combustível, alimentos e qualquer material útil.
- Não cometer ou favorecer suborno.
- Procurar pelo menor preço, mesmo podendo pagar.
- Não pagar ágio na compra de qualquer produto ou serviço.
- Conhecer a Lei de Defesa do Consumidor e ajudar a fazê-la cumprir.
- Ligar para jornal, rádio ou TV, reclamando, mostrando discordância ou insatisfação em relação a programas ou matérias deseducativas, agressivas ou apelativas.
- Escrever ou procurar pessoalmente vereador ou deputados em quem votou, sugerindo, apoiando e cobrando medidas.
- Comparecer a reuniões de condomínio e se interessar pela sua boa administração.
- Incentivar a formação e participar de conselhos de pais destinados a zelar pelo cumprimento dos programas escolares e pela qualidade do ensino.
- Não chegar atrasado a teatros, comemorações e compromissos sociais.
- Pagar impostos e zelar pela sua boa aplicação, cobrando promessas e resultados de políticos e governantes, individualmente ou em grupo.
- Respeitar regras e disciplinas estabelecidas em qualquer lugar.
- Participar da solução de problemas em sua comunidade.
- Exigir seus direitos em qualquer situação onde for necessário.
- Zelar pela preservação do meio ambiente.
- Não fumar onde é proibido.
- Não pichar muros e paredes.
- Influenciar e estimular parentes e amigos a praticarem a cidadania.
- Educar os filhos para serem bons cidadãos.

Façamos a seguinte suposição: se apenas 10% dos brasileiros que têm maior acesso às informações e a companhas educativas praticassem uma ação de cidadania por semana, voltada para o interesse da comunidade, de sua região ou do país, teríamos (excluindo as crianças) algo em torno de 40 a 50 milhões de atos de cidadania por mês e 500 a 600 milhões por ano.

Podemos ver, com esta demonstração, como é possível melhorar nosso país e nossas vidas através das ações dos próprios cidadãos, sem ficarmos tão dependentes da tutela das autoridades. Agora suponha o leitor como nosso país poderia mudar para melhor se boa parte dos grupos formais e informais da sociedade exercitassem a cidadania com essa regularidade, seguindo objetivos e métodos como os que serão examinados no próximo capítulo.

Temos conhecimento de que uma rede regional de televisão irá lançar ou, já terá lançado, uma campanha de cidadania em alguns aspectos semelhantes ao que está sendo sugerido acima. E que terá como mensagem básica esta frase, se não nos falha a memória: COMECE AGORA, COMECE POR VOCÊ. Perfeitamente aplicável ao nosso assunto.

Por oportuno, transcrevemos a seguir texto encontrado num prospecto de propaganda de um filme de treinamento denominado "Visão do Futuro":

O jovem rapaz e a estrela do mar (uma história inspirada em Loren Eiseley).

"Um homem sábio fazia um passeio pela praia, ao alvorecer. Ao longe, avistou um jovem rapaz que parecia dançar ao longo das ondas. Ao se aproximar, percebeu que o jovem pegava estrelas do mar e as atirava suavemente de volta à água. E então o sábio lhe perguntou:

'O que está fazendo?'

'O sol está subindo e a maré está baixando; se eu não as devolver ao mar, irão morrer.'

'Mas, meu caro jovem, há quilômetros e quilômetros de praias cobertas de estrelas do mar... Você não vai conseguir qualquer diferença.'

O jovem se curvou, pegou mais uma estrela do mar e atirou-a carinhosamente de volta ao oceano, além da arrebentação das ondas. E retrucou:

'Fiz diferença para esta aí'."

A atitude daquele jovem representa alguma coisa de especial que existe em nós. Todos fomos dotados de capacidade de fazer diferença. Cada um de nós tem o poder de ajudar nossas orgánizações.

Também nossas comunidades e nosso país, acrescentamos. Cada ação individual de cidadania pode fazer muita diferença.

XX

O C.C.Q. COMO MODELO PARA ORGANIZAÇÃO DE GRUPOS DE CIDADANIA

Se por definição cidadania, como prática, deve ser entendida como ação individual, por exigência da vida social na nova realidade do mundo, deveríamos cogitar também de cidadania grupal. Quando se pensa, modernamente, em obter melhores resultados para as organizações, cogita-se de que a maior participação de todas as pessoas seja estimulada e de que o trabalho em equipe deva prevalecer sobre o individual. Por que não pensar assim também em relação à cidadania?

Existe um imenso potencial de grupos a serem mobilizados para integrarem um amplo esforço associativo, que poderia resultar num grande mutirão nacional. A sociedade já conta com tradicionais e bem-organizados grupos formais, tais como Rotary Club, Lyon Club, Maçonaria (geralmente dotados de espírito cívico, diga-se de passagem), associações de profissionais liberais, associações estudantis, associações comunitárias, etc. Mas o potencial de formação de grupos informais é incomensurável, porque pode ser resultante de reunião de grupos de amigos, de vizinhos, de colegas de trabalho, de aposentados, de colegas de escola, de colegas de clubes. Poder-se-ia ainda pensar nos milhares de grupos informais suscetíveis de incorporar também objetivos em prol da cidadania, como é o caso de funcionários de uma mesma seção, associações informais de profissionais especializados (o próximo capítulo mostra o exemplo de um deles), grupos de amigos de bairro, etc.

Ficamos imaginando quão imensa contribuição pode dar, em favor do desenvolvimento da cidadania, esse grande potencial disponível de experiência de vida, que são os aposentados, se eles se organizassem em grupos de cidadania, em todas as cidades do país, e atuassem em favor de questões de interesse de suas comunidades e de assuntos que interessam a toda sociedade brasileira. Estariam, inclusive, tendo mais uma chance de serem úteis às suas famílias, à organização social e à nação. Os aposentados deram uma bonita demonstração de sua força e possibilidades, na batalha bem-sucedida que travaram em defesa do direito de receber o percentual de aumento que lhes era devido por lei, em seu pagamento pela Previdência Social.

Todos esses grupos fariam um grande bem ao Brasil e às suas próprias comunidades, se se dispusessem e se organizassem para atuar em favor de questões como estas:

- reanimação dos brasileiros para olhar positivamente o futuro do país;
- conscientização dos direitos e deveres de cidadania;
- campanhas para preservação do meio ambiente;
- campanhas de estímulo a pessoas honestas e competentes para participarem da política e da vida pública;
- pressões junto aos políticos para modernizarem as leis existentes e aprovarem aquelas de que o país necessita para sair das crises que estão impedindo o seu progresso;
- pressões para melhoria da eficiência dos serviços públicos;
- pressões para agilizar a atuação da justiça;
- pressões para melhorar a qualidade do ensino;
- combate à cultura da esperteza e aos abusos dos diversos tipos de corporativismo;
- campanhas contra os produtos e serviços de má qualidade, ainda oferecidos por maus empresários;
- ajuda na solução do problema do menor abandonado; etc.

Uma filosofia de ação e uma forma de organização que os grupos, tanto os formais como os informais, poderiam adotar é a do C.C.Q. (Círculos de Controle de Qualidade), que tanto contribuiu para o crescimento industrial do Japão e da economia japonesa como um todo.

O Japão passou a ter, nas últimas décadas, a indústria mais evoluída do mundo, em termos de avanço tecnológico e altos índices de produtividade, como já é do conhecimento geral. Mas nem todos têm o conhecimento de como aquele país chegou a esse resultado. Houve um grande esforço de união e cooperação nacional, envolvendo governo, associação de engenheiros, associações de empresários, sindicatos, e que contou ainda com o apoio de outros setores da sociedade, inclusive da imprensa. Operacionalmente, o principal instrumento, nos primeiros tempos do movimento de busca de qualidade e produtividade, foi a formação de grupos de C.C.Q. Posteriormente, desenvolveram-se novos modelos de organização de grupos de trabalho. Mas, para a situação a que sugerimos aplicar, a fórmula do C.C.Q. talvez seja a mais adequada.

E como é a filosofia e forma de atuação dos grupos chamados C.C.Q.? A filosofia é a de que, com empenho, critério e colaboração, é sempre possível obter-se melhoria de qualidade das coisas e das situações. A forma de atuação é participativa: um grupo de pessoas — voluntários — coordenadas por um líder, estuda e propõe, de forma colaborativa, aperfeiçoamentos operacionais e organizacionais, com finalidade de obtenção de economia de custos, de melhoria da qualidade, da produtividade e das condições de trabalho. Há um claro objetivo de superar índices e padrões estabelecidos, para tornar os produtos melhores e mais competitivos, beneficiando a empresa, os empregados, a comunidade e o país. Leva-se em conta a realização pessoal e profissional das pessoas e do grupo, que são recompensados de diversas formas, especialmente pela satisfação psicológica das pessoas, resultante do reconhecimento do grupo e da empresa.

Esses grupos se reúnem semanal, quinzenal ou mensalmente, com o propósito de encontrarem formas de conseguir melhorias de qualidade, produtividade e organização em suas áreas de trabalho. Definem objetivos específicos, atribuem funções e papéis aos seus membros, estabelecem o curso das ações, discutem medidas, elaboram estudos, realizam experiências, observam e acompanham os resultados. Concluem, adotam medidas definitivas, revêem os objetivos e os planos, e assim por diante. Todos os membros do grupo têm oportunidade de participar e contribuir. Dependendo do tipo de atividade, podem utilizar instrumentos, formulários ou técnicas especiais (que membros do grupo dominam) para favorecer os trabalhos e o alcance dos resultados.

Esta metodologia é inquestionavelmente simples, flexível, adaptativa e aplicável em qualquer situação e local: fábricas, lojas, escritórios, hotéis, hospitais, quartéis, escolas, clubes, fazendas, etc. Portanto, aplicável também aos grupos formais ou informais de cidadania. Tais grupos, que permitimo-nos sugerir sejam chamados de G.C.C. — Grupos Comunitários de Cidadania — podem adotar a mesma filosofia e formas de organização e atuação do C.C.Q. Somente os objetivos seriam diferentes.

Para favorecer as pessoas que se dispuserem a liderar ou coordenar grupos de cidadania, mas não tiveram a oportunidade de vivenciar experiências semelhantes, apresentamos, a seguir, indicações que facilitam a tarefa:

1. FORMAÇÃO DOS GRUPOS:

— Não há número fixo de pessoas. Desejável cinco no mínimo e vinte no máximo. Acima ou abaixo destes limites fica mais difícil de trabalhar, embora não seja impossível. Recomenda-se que, quando houver maior número de pessoas, como numa sala de aula, divida-se a turma em dois ou três grupos. Pode até surgir daí uma competição saudável.

— Cada grupo deve escolher um líder ou coordenador, definir outros papéis (secretário, tesoureiro, relações públicas), podendo haver rodízios periódicos de função. É conveniente, também, organizar subgrupos com papéis ou missões específicas. É recomendável haver um mínimo de organização: definir objetivos, organizar calendários e agendas, fazer atas, manter arquivo de correspondências e outros documentos emitidos, cadastrar pessoas e entidades importantes, entre outras medidas.

2. FORMA DE ATUAÇÃO:

a) Definir, periodicamente, em que áreas o grupo irá atuar e que objetivos pretende alcançar. Exemplo de áreas: ecologia, trânsito, segurança, educação, moralidade dos costumes. Exemplos de objetivos: melhorar a limpeza das ruas do bairro ou da praia; conseguir sinais de trânsito para locais perigosos; cobrar de vereadores e deputados o cumprimento de promessas feitas; divulgar entre amigos, vizinhos e parentes onde se encontram produtos mais baratos; estimular a imprensa a combater a corrupção.

b) Verificar, em cada caso, a melhor forma de atuação do grupo: apoiar ou protestar através de cartas ou visitas em comissão; promover palestras e reuniões comunitárias, participar de manifestações públicas, entre outras.

Sugere-se que em relação a questões importantes como: protesto contra salários abusivos dos vereadores ou deputados, manifestação contra corrupção ou ineficiência em determinados órgãos públicos, manifestação de apoio a aprovação de leis urgentes, etc., os grupos enviem cartas ou telegramas, ao mesmo tempo, ao Presidente da República, ao Governador, ao Congresso ou Assembléia Legislativa, aos jornais, TV's e emissoras de rádio. No que diz respeito aos órgãos de comunicação, além do objetivo da divulgação em si,

com o propósito também de angariar o seu apoio.
c) A freqüência das reuniões do grupo pode ser semanal, quinzenal ou mensal, dependendo de fases dos trabalhos, de tipos de campanha, assim como da época do ano.

3. OBSERVAÇÕES IMPORTANTES:

- É recomendável fazer, periodicamente, um balanço ou avaliação das atividades do grupo, a fim de examinar seus progressos e analisar suas dificuldades.
- Rever, se necessário, objetivos e forma de atuação, com base no resultado da avaliação. Revitalizar a motivação do grupo com novos temas e objetivos, e novas formas de participação.
- Não exagerar nas ações e participações como: escrever cartas com grande freqüência e para os mesmos lugares, não protestar em demasia e nem ficar só no protesto, para não esvaziar o significado destas medidas.
- Mesclar objetivos e tipos de atuação, visando manter o interesse e motivação do grupo. Cuidar de assuntos nacionais, estaduais e regionais; de questões políticas, sociais e econômicas; de ecologia, educação, civismo, desenvolvimento cultural e outros temas.
- Promover o auto-desenvolvimento do grupo, organizando palestras, debates e estudos, por exemplo, sobre formas de liderança, de trabalho participativo, economia, parlamentarismo e voto distrital, e prática da cidadania em países desenvolvidos.

Com o tempo, certamente os grupos irão descobrir outras formas de organização, atuação e participação, assim como novos temas de interesse. Irão descobrir também a importância e o significado de sua atuação. Os membros dos grupos deverão perceber outras vantagens de participar, como o desenvolvimento de habilidades de relacionamento interpessoal e de atuação em equipe; a oportunidade de fazer novas amizades. Deverão, enfim, sentir-se mais realizados e motivados para a vida.

XXI

EXEMPLOS DE GRUPOS E ASSOCIAÇÕES VOLTADOS PARA A CIDADANIA

1. O EXEMPLO DO G.E.R.H.

G.E.R.H., ou Grupo de Estudos de Recursos Humanos, é uma associação informal de profissionais, composta de gerentes, diretores e consultores de Administração de Recursos Humanos, sediada em São Paulo e com onze anos de existência. Tal como muitos outros grupos similares (só de profissionais diversos de R.H., contam-se mais de 200 grupos informais em todo o Brasil), o G.E.R.H. tem por objetivo congregar profissionais da área para, em reuniões mensais, trocar informações, experiências, reciclar conhecimentos e empreender alguns estudos de interesse profissional, entre outros.

Esse grupo apresenta, porém, algumas peculiaridades. Talvez seja um dos poucos que promove, anualmente, um fórum de debates, com duração de dois dias e meio, para examinar mais profundamente temas de maior relevância e oportunidade. Sempre esteve interessado em questões conjunturais que afetam a vida das organizações. Muitos membros do grupo mostram uma característica comum, que poderíamos chamar de "inquietação cívica" ou "sentimento de cidadania". Por este motivo, provavelmente, o G.E.R.H. mostrou interesse e dedicase, de forma pioneira e mais constante, ao tema da cidadania.

No seu fórum de debates do ano de 1991, este grupo discutiu o tema cidadania sob vários aspectos, após ouvir palestras de especialistas e de representantes de diversos setores da sociedade, com os quais o tema tivesse alguma relação (política, economia, direito, religião, imprensa). No final, o grupo trabalhou numa dinâmica especial, conduzida por um especialista, para posicionar-se em relação ao tema cidadania. Como resultado dessa dinâmica, o grupo definiu para si oito "princípios de cidadania", que seus membros se empenhariam em seguir. São eles:

1. Tomar consciência e crer na cidadania e nos direitos do ser humano, buscando viabilizá-los.
2. Procurar seu auto-conhecimento como cidadão: suas dificuldades, limitações e possibilidades.
3. Querer mudar.
4. Assumir, com coragem e transparência, os direitos e deveres de cidadão.
5. Praticar a cidadania, participando de atividades sociais, políticas e culturais.
6. Cultivar a capacidade de indignar-se.
7. Desenvolver a competência interpessoal para a tolerância, respeitando opiniões e posições contrárias.
8. Facilitar e estimular o exercício da cidadania, apoiando pessoas, processos e movimentos.

O grupo imprimiu esses princípios em cartolina com suporte, para serem colocados nas mesas de trabalho como lembretes, não só dos seus membros, mas também dos seus amigos e pessoas com as quais se relacionam.

Desde então, em 80% de suas reuniões, o grupo tem se dedicado, com crescente entusiasmo, a não só discutir, mas também se envolver, na prática, com questões de cidadania. Formou comissões de trabalho para direcionar ações práticas. Como exemplo, um subgrupo ficou incumbido de mostrar sua experiência para outros grupos informais que demonstrassem interesse pelo assunto, aproveitando também para propagar a idéia. Até julho de 1992, esse subgrupo tinha feito quase duas dezenas de apresentações, atingindo perto de 600 pessoas. João Francisco Toledo e Fernando Lima dedicaram-se com entusiasmo a essa tarefa, sacrificando atividades profissionais e sociais.

Outro subgrupo se dedica a um projeto chamado "Meninos de Rua", persistindo na busca de meios práticos para contribuir com a solução desta importante questão humanitária. Um terceiro subgrupo se preocupa com questões diretamente ligadas às atividades dos membros do grupo, mas com espírito e sentido de cidadania, quais sejam: encontrar meios objetivos para influenciar quem possa responsabilizar-se pela eliminação das deficiências no atendimento dos órgãos públicos, relativamente aos assuntos de aposentadoria, movimentação do FGTS, homologação de rescisões na Delegacia do Trabalho, seguro desemprego e atendimento médico no INSS.

Não existem resultados concretos com relação aos dois últimos objetivos, porque constituem iniciativas recentes e os assuntos são complexos. Todavia, há que ressaltar o fato de que esse grupo está conseguindo fugir da irresistível tendência de ser dominado pela *cul-*

tura do teorismo e do tecnicismo, de ficar no debate e no discurso, e saiu a campo para colocar suas idéias e objetivos em prática.

Entusiasmado com seus resultados positivos em relação ao tema cidadania, e refletindo uma tendência demonstrada por setores responsáveis pela cultura do país, como reflexo do preocupante nível a que chegou a crise moral, os membros do grupo elegeram, para seu fórum de 1992, o tema ÉTICA, desdobrado em ética na política, nos governos, na economia, nas empresas e na sociedade.

2. O EXEMPLO DO CONSELHO DE CIDADANIA E DIREITOS HUMANOS DA ZONA OESTE (SÃO PAULO)

Essa associação, fundada por um grupo de senhoras do bairro Pinheiros, de São Paulo, surgiu, praticamente, a partir de um problema que a comunidade teve de resolver, relacionado com sua dificuldade de convivência com favelados que se instalaram debaixo do viaduto de uma das principais ruas da região. O encaminhamento da solução desse problema seguiu os melhores preceitos de civilidade e cidadania.

Lideradas por dona Josephine Baccariça, as senhoras do bairro dialogaram incansavelmente com representantes dos favelados, recorreram aos órgãos e autoridades municipais que tinham a ver com o problema, consultaram advogados, estudaram as leis pertinentes, entre muitas outras medidas adotadas. Estavam determinadas a resolver o problema da melhor maneira possível e conseguiram, através de conveniente forma de cidadania: agiram em favor da comunidade, buscando participação dos interessados, com envolvimento de quem de direito, com base nas leis e ainda empenhadas em manter bom relacionamento com a parte com a qual tinham conflito.

No contato que mantivemos com dona Josephine e algumas de suas colegas de Conselho, foi ressaltada a importância, para os cidadãos e para a comunidade, de se descobrir e utilizar as organizações e leis municipais. Disseram que a maioria das pessoas desconhece os recursos comunitários de que dispõe e as leis que regulamentam a vida social e em comunidade, mostrando-se preocupadas com o risco de essas leis caírem em desuso.

Inspiradas, ao que parece, pelo sucesso de sua primeira e importante ação de cidadania, o grupo de senhoras organizou o Conselho, criando um fórum permanente para discutir os problemas da comunidade. Definiu estatuto para o Conselho. Procura envolver pessoas de todas as camadas sociais na discussão dos temas tratados. Criou vários subgrupos de trabalho, designando tarefas especiais

para cada um. E ampliou os seus objetivos que passaram a ser os seguintes:
- Envolver a comunidade em assuntos significativos de seu interesse.
- Propagar e reproduzir a idéia do movimento de cidadania, procurando interagir com outros grupos comunitários.
- Promover cursos e palestras de cunho cultural e educativo para os membros da comunidade.
- Promover campanhas ou ações em favor do menor abandonado, dos deficientes físicos, da velhice desamparada e de outros grupos de pessoas merecedoras de ajuda.
- Promover movimentos cívicos em ocasiões apropriadas.

3. O EXEMPLO DO GRUPO DEMOCRACIA, ESTADO DE DIREITO E CIDADANIA

Esse grupo é formado por membros do PNBE — Pensamento Nacional das Bases Empresariais, entidade civil que congrega empresários diversos, identificados com os seus objetivos. O PNBE se auto-define como "um movimento que visa criar condições necessárias para o empresário brasileiro exercer a sua cidadania influindo de maneira relevante no destino do país. O PNBE se diferencia por ser uma associação de empresários enquanto cidadãos".

Dentro do PNBE existem vários grupos de trabalho com objetivos diferentes. O Grupo aqui mencionado, comandado por Luiz Antônio Nunes, definiu para si, como objetivo geral, "a disposição de trabalhar na defesa dos direitos de cada cidadão, assegurados pela constituição, e pelo pleno estabelecimento de uma democracia de fato". Seus membros reúnem-se quinzenalmente, seguindo pautas de trabalho, para o alcance de metas específicas que se propõem cumprir de tempos em tempos.

Vejamos duas dessas metas:
a) Desenvolveram a idéia, definiram as condições e propuseram ao PNBE promover, anualmente, o PRÊMIO PNBE DE CIDADANIA, concurso de alcance nacional, que visa premiar iniciativas ou ações com maior significação de cidadania e com maior identificação com os objetivos do grupo. Com a realização freqüente desse concurso, o grupo pretende estimular pessoas e entidades a praticarem cada vez mais a cidadania.
b) Outro tipo de atuação do grupo é promover, periodicamente, seminários e palestras para os associados do PNBE, com temas relacionados com cidadania. Na última, incluíram os seguintes as-

suntos: "cidadania através da história", "o empresário cidadão" e "fraquezas do comportamento de cidadania".

4. O EXEMPLO DA AVAPE

Apenas recentemente tivemos conhecimento dessa organização — Associação pela Valorização e Promoção de Excepcionais — ainda que, em 1992, ela esteja comemorando dez anos de existência. Dá um exemplo de instituição que faz seu trabalho movida apenas pelos seus ideais e missões que ela se auto impõe. Jamais recorre a práticas de fisiologismos ou faz marketing de suas realizações. Assume sua maioridade, dispensando a tutela de governos e de qualquer tipo de paternalismo ou caridade. Tal como as instituições-cidadãs vive no anonimato, só saindo dele quando suas realizações extrapolam os limites de seus campos de ação, constituindo-se num exemplo a ser seguido.

Contrariando doenças culturais que identificamos na sociedade brasileira, na primeira parte desse livro, a AVAPE, pelos seus fundadores, mostra para todos nós como cidadãos sérios e persistentes conseguem realizar sonhos e promover empreendimentos de alta significação para suas comunidades.

Assim é que, em 1982, um grupo de operários da VW, preocupados com a assistência médica, psicológica e educacional de seus filhos e parentes próximos, tidos como excepcionais, se uniram (cumprindo seus deveres de pais na assistência e usando de seus direitos de buscar saídas) para formar essa associação. Fundaram-na para, inicialmente, poderem contar com a prestação de um atendimento mais personalizado aos seus familiares, visto que as instituições governamentais de assistência e os planos médicos convencionais se mostravam insuficientes.

O passo seguinte foi perceber que o excepcional é simplesmente um ser humano portador de uma deficiência que, no entanto, não o impede de levar uma vida produtiva, embora os estigmas comecem exatamente pela família. Esta geralmente ou o afasta do convívio, marginalizando-o em asilos, hospitais e creches, ou lhe dispensa um tratamento paternalisticamente inadequado, protetor e catastrador de suas potencialidades.

Para prover sua própria subsistência, a AVAPE começou a oferecer no mercado serviços que seus assistidos ou associados passaram a realizar. Atualmente trabalham nessa entidade 500 empregados, sendo 20% deles portadores de deficiências. Os associados são mais de dez mil. O atendimento já chegou a nove mil clientes cadastrados, sendo prestado em quatro centros.

Os serviços que oferece contemplam a assistência médica, psicológica, serviço social, assistência educacional (inclusive profissionalizante). Com a competência adquirida e desenvolvida, a AVAPE criou condições para oferecer serviços "terceirizados" a clientes especiais como a C.T.B.C. e a Auto Latina. Dentre esses serviços, destacam-se: 1. Na área de informática: digitação, teleprocessamento, micro-informática, controle numérico, CAD/CAM; 2. Na área de atendimento: bancas de jornal, cantinas, vendas de fichas; 3. Na área de produção: operação de produção simples, gráfica, copiadoras, etc.

Essa abertura para oferecer serviços ao mercado é que levou a AVAPE a uma alavancagem econômico-financeira, permitindo-lhe um desenvolvimento auto-sustentado. Ela transforma pessoas desconsideradas para o trabalho e condenadas a viverem marginalizadas em mão-de-obra produtiva.

Trata-se, pois, de uma verdadeira obra de cidadania, que levou uma parcela de brasileiros a participarem, com dignidade, do mercado de trabalho, em situação de igualdade com os não portadores de deficiências. Em suma: uma importante instituição nascida do exercício da cidadania.

Vimos acima o exemplo de quatro diferentes tipos de organizações civis que passaram a dedicar-se à cidadania. Resultado de uma crescente tomada de consciência dos brasileiros quanto à necessidade de abandonar o comodismo e a apatia, e de assumirem papéis sociais voltados para a solução de problemas comunitários e do país. Muitos outros grupos devem existir, em todo o Brasil. Mas o movimento ainda é pequeno e lento, se considerarmos a urgência que temos de envolver uma maior parte da sociedade com vistas a fazer acontecer medidas e soluções para tirar o país da crise e fazê-lo deslanchar em direção ao necessário e aspirado progresso.

XXII

MOTIVAÇÃO PARA A CIDADANIA

A motivação para a cidadania precisa apenas ser despertada. Quando os brasileiros se conscientizarem do significado, da importância e dos benefícios da sua prática, a motivação surgirá naturalmente.

Uma das mais bem fundamentadas teorias de motivação, de Abraham Maslow — conhecida pela maioria dos gerentes e supervisores das organizações, através de cursos de chefia e liderança — nos ensina que quase todas as ações dos seres humanos são direcionadas para satisfazer suas necessidades principais, que são:

— FISIOLÓGICAS — alimentação, saúde, repouso, sexo, etc.
— DE SEGURANÇA — resguardar-se de todos os tipos de ameaças e riscos; conseguir estabilidade na família, no emprego, no negócio.
— SOCIAIS — convivência com outras pessoas, amizade, união familiar, participação de grupos.
— PSICOLÓGICAS OU DE ESTIMA — valorização, reconhecimento, prestígio, estímulo, apoio.
— REALIZAÇÃO — produção, progresso e desenvolvimento pessoal e profissional; satisfação pelo lazer, obtenção de patrimônio, etc.

Pois bem, através da prática constante da cidadania, as pessoas ajudarão suas comunidades, em particular, e a sociedade brasileira, em geral, a encaminharem a solução de seus problemas econômicos, sociais, políticos, morais, ecológicos, educacionais, favorecendo o progresso do país. Disso deverá resultar melhor qualidade de vida, mais oportunidade de progresso e realização pessoal e profissional, menor ocorrência de conflitos grupais, diminuição de riscos sociais, tais como: desemprego, aumento de criminalidade, desagregação familiar, etc.

O exercício da cidadania implica mais participação pessoal na família, nos grupos, na comunidade, o que possibilita satisfazer necessidades de convivência social, e satisfação pessoal pelas contribuições derivadas dessa participação.

A maioria das pessoas são carentes de reconhecimento, apoio e prestígio, porque os pais e chefes são contidos ou inibidos para oferecer ou demonstrar isto (trata-se de uma herança cultural negativa). Realizando ações de cidadania, as pessoas terão maiores chances de obter diversas formas de reconhecimento e apoio, como também poderão aprender a auto-motivar-se (contentar-se com o seu reconhecimento, com a valorização de si próprio). Um grande movimento de cidadania poderá trazer uma motivação nova aos brasileiros, muito necessitados disto, pois há muito vêm acumulando perdas pessoais representadas por frustrações, decepções e desencantos, além de prejuízos de caráter profissional e social.

Quando começarem a perceber os efeitos positivos de suas ações individuais de cidadania, e os resultados das atuações dos grupos organizados, constatarão o enorme potencial que tem a sociedade de, por sua própria conta e responsabilidade, mais rapidamente do que se imagina, promover importantes mudanças e progressos de que o Brasil urgente e desesperadamente necessita. Descobrirão porque perderam tanto tempo transferindo responsabilidade para os governos e políticos. Ficarão surpresos por ver que, pelo exercício da cidadania, podem ajudar a resolver problemas sérios como estes:
- corrupção e impunidade
- vícios e fraquezas do sistema político
- necessidade de modernização das leis
- lentidão da ação da justiça
- baixa qualidade do ensino
- ineficiência dos serviços públicos
- mau atendimento do sistema de saúde
- exploração por comerciantes desonestos
- deficiência dos sistemas de transporte coletivo, habitação e saúde
- desrespeito às crianças, trabalhadores, consumidores e aposentados
- insegurança motivada pelo crescimento da criminalidade
- e muitos outros.

O exercício da cidadania poderá proporcionar, com certeza, enorme sentimento de auto-realização. E uma lavagem de alma em termos de civismo, sentimento este que se encontra contido no coração do nosso povo.

XXIII

A Imprensa
e a Cidadania

A imprensa é, com muita propriedade, considerada o quarto poder da República. E, por fraquezas e omissões dos outros três, a cada dia vai se tornando a força mais influente sobre a sociedade. Ela tem provocado mais mudanças no país do que os outros poderes juntos. Ela demonstra ter mais capacidade de identificar e promover, indiretamente, a solução de graves problemas do país do que os poderes legislativo e judiciário. Contudo, exatamente em razão desse seu grande poder de interferir na vida das organizações e das pessoas, a imprensa precisaria fazer uma séria auto-crítica de seu comportamento.

A imprensa em geral é uma entidade que mostra duas facetas contraditórias que suscitam críticas ora positivas, ora negativas. Pela nossa avaliação, os meios de comunicação persistem recorrendo a um exagerado sensacionalismo que os torna, às vezes, inconseqüentes. Além dos deslizes éticos que cometem, conforme demonstrados anteriormente, têm contribuído para o reforço da *cultura da mediocridade,* da *cultura da intriga e maledicência* (estas duas não mencionadas ainda), da *cultura inflacionária,* da *cultura da transferência de responsabilidade,* da *cultura do imediatismo,* da *cultura do negativismo,* da *cultura da baixa auto-estima* e da *cultura do emocionalismo e da ciclotimia.*

Apresentam, como aspectos elogiáveis, seu constante aperfeiçoamento como veículo de informação e desenvolvimento cultural, do ponto de vista de aprendizagem intelectual e de ampliação de conhecimentos, chegando a cobrir algumas falhas ou complementar o ensino escolar; sua condição de instrumento de fortalecimento da democracia, contra abusos, desmandos e ineficiências dos governos e instituições públicas. Cabe-lhes ainda o reconhecimento da sociedade, de modo particular, pela brilhante atuação em todo o processo de investigação relativo ao famoso caso "PC" e aos escandalosos desvios de dinheiro verificados no INSS.

Ressalte-se ainda os méritos dos meios de comunicação, por estarem, gradativamente, fazendo incursões em assuntos de cidadania. Assim acontece com alguns programas de TV, embora cada um com suas características próprias: o programa "Vamos Sair da Crise", da TV Gazeta de São Paulo. O programa "Canal Livre", da TV Bandeirantes. O programa "Jô Soares Onze e Trinta", do SBT, o "Programa Livre", para jovens, também do SBT; o programa "25ª Hora", da TV Record; o programa "Globo Repórter", da TV Globo; o programa "Defenda-se", da TV Gazeta. O programa "Aqui e Agora", do SBT, apesar de sua discutível qualidade, também costuma apresentar estímulos à prática da cidadania. E mesmo o programa "Hebe Camargo", também do SBT, vez por outra aborda temas relacionados com cidadania. O programa "Roda Viva", da TV Cultura de São Paulo, de entrevistas, eventualmente, dependendo do entrevistado e do enfoque dado às perguntas, pode contribuir para desenvolver a consciência de cidadania.

Estamos certos de que devem existir diversos programas de TV's regionais que colaboram com o desenvolvimento da cidadania e que não são aqui citados por faltar-nos informações.

Os jornais, regra geral, não estão direcionados ainda para tratar do tema com intenção clara e definida, e com desejável regularidade. Limitam-se a noticiar manifestações isoladas de cidadania, sem, no entanto, emprestar-lhes o seu apoio. Os jornais de bairro têm feito mais pelo assunto, porque retratam de perto os problemas de suas comunidades, divulgando, com ênfase, ações e movimentos populares.

As emissoras de rádio constituem o meio de comunicação que mais interagem com o público e, por isto, teriam mais chances de promover e estimular o exercício da cidadania. Mas ainda fazem relativamente pouco em relação a isso. Embora fortes na divulgação de notícias e de informações de utilidade pública, não as vinculam suficientemente às questões de cidadania.

Apesar da constatação do crescente engajamento de parte significativa da mídia em assuntos relativos à cidadania, acreditamos que ela pode e deve ser maior, tendo em vista a urgência que temos para desenvolver, no Brasil, uma ampla consciência cívica e uma prática empenhada e constante do ser cidadão. Trata-se de condição precípua para que nossa sociedade resolva muitos de seus problemas básicos e crônicos, conforme várias vezes salientamos em capítulos anteriores. E para que os brasileiros desenvolvam, mais rapidamente, um elevado padrão de civilidade.

Em virtude do seu grande poder de influência já mencionado, a imprensa precisa envolver-se mais com os objetivos de cidadania, também por tratar-se de um processo de educação e mudança difícil e demorado e, para cujo êxito e velocidade, é imprescindível o concurso determinado dos meios de comunicação. Será necessário promover mudança de mentalidade e de hábitos, e vencer fortes resistências de interesses contrários. Somente com a ajuda de uma instituição assim poderosa, dotada de canais apropriados e com grande facilidade de acesso à população, poderemos compensar o atraso relativamente ao desenvolvimento da consciência e postura de cidadania.

Considerando, dessa forma, de fundamental importância a colaboração da imprensa para o desenvolvimento da cidadania, ocorre-nos pensar em algumas idéias práticas:

1. Seria desejável que os jornais de todas as cidades do país reservassem um espaço fixo, proporcional ao seu tamanho e periodicidade, dedicado ao tema, abrangendo orientações de campanha, registro de exemplos exitosos de cidadania e publicação de matérias diversas relativas ao assunto.

2. Que os programas de TV incluíssem, com mais regularidade, reportagens especiais, debates e entrevistas em suas programações que comportam esse assunto. Seria muito bom se os principais comunicadores reservassem uma parte de seus programas, durante um tempo necessário, para colaborar com a propagação de idéias e discussão de questões relevantes relacionadas com cidadania.

3. Que as emissoras de rádio se prestassem mais a orientar os ouvintes quanto a deveres de cidadania e promovessem freqüentes campanhas relacionadas, por exemplo, com limpeza, reciclagem de lixo, respeito às regras de trânsito, reclamação de direitos, estímulo a uso do código de defesa do consumidor, eliminação de desperdícios, colaboração comunitária, estímulo a funcionários públicos para prestarem melhores serviços à população, etc., etc. Sem que para isto seja necessário contrato de publicidade com governos.

Essa valiosa colaboração da imprensa precisa ser permanente para que possa ajudar o Brasil a vencer suas crises e perpetuar nos brasileiros um comportamento digno de verdadeiros cidadãos. Se isto vier a acontecer, o Brasil poderá dar um grande salto rumo ao progresso e à condição de país civilizado. E a imprensa, como aliada dos movimentos de cidadania, estaria exercendo um de seus mais nobres papéis.

XXIV

OMBUDSMAN, KAISEN, REALIZAÇÕES E POSITIVIDADE

Nós brasileiros estamos carentes de fatos positivos e saudáveis, porque já faz tempo que nos vimos envolvidos e somos impactados por cenas, fatos ou situações decepcionantes e desestimulantes, conseqüências de desmandos e incompetências de governos, de imoralidades cometidas por políticos e parte dos empresários, de decadência de valores e instituições, e por uma longa, cansativa e desgastante crise. O estado de espírito do nosso povo está abalado, suas crenças enfraquecidas, seu ânimo arrefecido. Importa-nos encontrar inspiração e meios para pôr um paradeiro nisso tudo e reverter os rumos da história do país.

A possibilidade de realização através da cidadania seria, como já vimos, uma grande fonte de motivação. Se amplamente irradiado, o espírito de cidadania pode constituir-se em uma importante onda de positividade. Mas precisamos recorrer a todos os meios e instrumentos que possibilitem ao nosso povo alcançar os almejados objetivos de realização social, pessoal e profissional.

Ocorre-nos pensar na transposição de idéias positivas introduzidas nas empresas — relacionadas com a busca de melhorias da qualidade total e com o desenvolvimento organizacional — para o âmbito maior da sociedade. Já mencionamos o exemplo do C.C.Q., e agora queremos tratar de duas outras idéias ou filosofias de ação: referimo-nos ao OMBUDSMAN e ao KAISEN. Vejamos o que vem a ser um e outro, em consideração aos leitores que deles não ouviram falar o suficiente.

Sobre o significado da expressão *ombudsman*: trata-se de uma figura criada nos países escandinavos (Suécia, Dinamarca, Noruega e Finlândia), para controlar a burocracia dos serviços públicos, a fim de diminuir suas deficiências (como isto cairia bem para o Brasil!).

Como um dos desdobramentos mais conhecidos, corresponde à figura introduzida no corpo editorial de alguns jornais, com a função de manter uma permanente auto-crítica de suas edições. E, mais recentemente, como extrapolação da idéia, tem a ver com a figura instituída em algumas organizações, com a responsabilidade de fazer um auto-controle da qualidade de seus serviços ou atendimento ao público, mantendo uma interação com seus clientes.

Os jornais apresentam falhas de forma e conteúdo, em suas edições, preparadas normalmente em processos rápidos. Alguns produtos e serviços vendidos por determinadas empresas podem apresentar defeitos que fogem ao seu controle. Por isso, interessa-lhes utilizarem a figura do ombudsman, como forma de atender melhor ao consumidor. Assim também entidades sociais e serviços de atendimento ao público cometem erros e são geralmente deficientes. Razão maior para que a sociedade pressione essas entidades no sentido de incorporarem a idéia do ombudsman, introduzindo pessoas ou comitês com essa função, em cada organização. Podendo esses comitês co-existirem na comunidade.

A sociedade deve ser menos conformista e mais exigente em relação à qualidade dos serviços que adquire das empresas ou que recebe dos órgãos públicos a que sustentam com o pagamento de impostos. Ter produtos e serviços de melhor qualidade nem sempre precisa custar mais caro. Com o exercício da cidadania podemos resolver esta questão. Incorporar e praticar a idéia de ombudsman, uma forma de cidadania, depende apenas de vontade e hábito. O nome pode ser feio, mas os resultados certamente serão bons.

Se as pessoas adotarem a idéia do ombudsman e tornarem-se mais exigentes como consumidoras de bens e serviços e mais decididas como cidadãs, certamente teremos com menor freqüência e intensidade casos como, por exemplo: abusos das empresas de consórcio, da indústria de multas de trânsito promovida pelos "marronzinhos" e "amarelinhos" da Prefeitura de São Paulo (que, por seus excessos, pelo menos contribuíram para despertar a cidadania em muitas das pessoas prejudicadas); casos como o da injustificável formação de longas filas nas agências bancárias, e ainda das inaceitáveis filas de atendimento nas unidades do INSS.

A qualidade do trabalho, do atendimento, do comportamento das pessoas em todas as organizações privadas e públicas, na indústria e no comércio, nas escolas, nos hospitais, nos clubes, nos órgãos das instituições governamentais, poderia ser melhorada, em benefício de toda a sociedade, se fosse desenvolvida, de modo amplo, a mentalidade em favor do aperfeiçoamento da auto-crítica, em favor da busca da qualidade das coisas que afetam a vida das pessoas, através de processos orientativos, educativos e "cobrativos". E também por uma questão pura de vontade: basta que os dirigentes, gerentes e chefes queiram que isso aconteça.

Criar a figura do ombudsman individual ou grupal, em todas as organizações, pode ser um bom começo para a melhoria da qualidade de vida em geral.

Paralelamente à conveniência de se desenvolver uma ampla consciência voltada para a busca e exigência de qualidade de produtos e serviços, a sociedade brasileira deveria interessar-se também pela incorporação da filosofia KAISEN (também desenvolvida e aplicada pelo bem-sucedido povo japonês), de fácil assimilação: a ideia de que deveríamos buscar sempre a melhoria das condições existentes. Nada neste mundo é definitivo, perfeito e acabado. Henry Ford já dizia "Tudo pode ser feito melhor do que está sendo feito". Seria desejável que todos pensássemos como os atletas olímpicos: aspirar constante melhoria de performance, procurar sempre bater seu próprio recorde. Se conseguíssemos despertar esta mentalidade na maioria das pessoas, o mundo seria bem melhor, inevitavelmente.

Portanto, melhorar a qualidade de vida de um povo, não é algo tão misterioso, complexo ou dispendioso, como poderia parecer. É, na maioria das vezes, uma questão de conscientização, de estado de espírito, hábito e vontade.

Mas, como em outras situações já mencionadas, aqui também é imprescindível a colaboração decisiva dos comunicadores e formadores de opinião, no sentido de ajudar a difundir essas idéias e estimular a sua prática.

XXV

CONSIDERAÇÕES GERAIS E FINAIS

1. ESGOTARAM-SE AS TÁBUAS DE SALVAÇÃO

A sociedade brasileira, por não se mostrar suficientemente amadurecida para assumir a responsabilidade pelo seu destino, deixa influenciar-se pelo oportunismo de parte das elites política e intelectual. Razão pela qual tem sempre procurado saídas paliativas ou tábuas de salvação para superar suas crises, assim como bodes expiatórios para justificá-las. Embora por si mesmos signifiquem fatos altamente positivos, tivemos anunciadas, nos últimos tempos, como verdadeiras tábuas de salvação, o seguinte:
- A redemocratização do país;
- A ocorrência de eleições diretas para presidente da República;
- A nova Constituição.

Como bodes expiatórios para explicar as nossas dificuldades, são freqüentemente citados, de forma alternada e segundo as conveniências do momento:
- As duas décadas de regime autoritário;
- A incompetência dos governos;
- A aceitação e o compromisso de honrar a dívida externa;
- Os mal-sucedidos planos econômicos.

Pois bem, a democracia está quase consolidada, já votamos para presidente, já elegemos e renovamos assembléias, câmara e senado; a nova constituição foi elaborada e promulgada; deixamos de pagar a dívida externa por muitos anos; experimentamos planos econômicos ortodoxos e heterodoxos. E qual o resultado? Continuamos em crise e em situação ainda pior.

Com tanta frustração de expectativas, os políticos e os analistas têm sido mais cautelosos em indicar as novas tábuas de salvação. Já se tentou, mas sem muita convicção, apontar ora o parlamentarismo, ora a eleição de um novo presidente com maior apoio parlamentar. Embora um ou outro destes acontecimentos possa representar algum avanço político ou resultar em algum benefício para o país, a sociedade brasileira não deve contar com eles como solução definitiva de nossos problemas básicos, especialmente os de natureza cultural e moral.

Parece não restar mais dúvida de que a saída definitiva será através de uma maior participação da sociedade na organização e aperfeiçoamento de suas instituições, ou seja, através de uma ação consciente, abrangente e persistente de cidadania. E é preciso começar logo.

2. SERIA UM GRANDE DESASTRE PERDER OUTRA DÉCADA

Especialistas em ciências política e social têm tentado alertar uma insensível elite dominante sobre duas graves conseqüências para o Brasil, caso demore a adotar uma política capaz de reduzir e controlar a inflação e de permitir a retomada do seu desenvolvimento: a primeira dessas conseqüências seria o agravamento da situação econômica seguido de uma traumática ruptura social e institucional de resultados imprevisíveis; a segunda, em decorrência ou não da primeira, poderá ser a perda, total ou parcial de outra década, com prejuízos econômicos, sociais e culturais irreparáveis. Seria uma catástrofe de proporções inimagináveis.

Como conseqüência de sua prolongada crise, o país encontra-se enfraquecido em todo o seu organismo institucional, político, social e moral. O agravamento desta situação leva-lo-á, inevitavelmente, a uma situação semelhante à de um doente grave para cuja recuperação é exigida a UTI, ou seja, um tratamento doloroso e caro. A convalescença será demorada e as seqüelas serão certamente grandes. Haveremos de amargar mais decadência, mais agonia e maior descompasso em relação ao progresso dos outros países. Sem falar no risco de debilitar nossa democracia tão duramente conquistada.

Existe um amplo reconhecimento de que a década de 80 foi perdida para o Brasil. Poder-se-ia dizer, sem exagero, que perder uma década nos tempos atuais, de tão grandes e rápidas mudanças, devidas ao avanço tecnológico, científico e cultural, de tão freqüentes rearranjos internacionais nas questões econômicas e comerciais, corresponde a perder um século em período anterior da história da humanidade. O mundo, nos últimos setenta anos, evoluiu mais do que em todo o tempo conhecido de sua existência.

Mas qual foi o tamanho das perdas do país nos anos 80 e já também no início da década de 90? Talvez fosse conveniente demonstrar algumas dessas perdas para sensibilizar a sociedade no sentido de reagir à perspectiva de vir a perder outro precioso período. Vejamos:

- Milhares de mortes devido à fome, a doenças, resultantes da falta de saneamento básico e falta de assistência.
- Milhares de mortes, incapacitações físicas e perdas patrimoniais, por falta de conservação ou melhoria das estradas, ruas e avenidas.
- Milhões de empregos não gerados e de carreiras profissionais não acontecidas.
- Milhares de pessoas transformadas em marginais, por desemprego e pobreza, aumentando grandemente o índice de criminalidade.
- Milhares de casamentos desfeitos, com abandono de filhos.
- Centenas ou milhares de escolas, hospitais, creches, presídios e outros equipamentos sociais não construídos ou reformados, em virtude de perda ou mau uso de receitas dos governos.
- O déficit habitacional chega próximo a 10 milhões de moradias.
- Declínio do poder aquisitivo e, conseqüentemente, de seu padrão de vida, das classes média e pobre.
- Milhões de sonhos de brasileiros frustrados: adquirir ou reformar casa própria, comprar sítio ou casa de praia, viajar, estudar, casar, possuir ou trocar de carro, entre outros.
- Milhões de casos de evasão escolar, por necessidade de ajudar a família ou falta de perspectiva profissional.
- Empresários desinteressados pela produção em favor da especulação financeira.
- Sucateamento ou atraso tecnológico de boa parte da indústria.
- Perda de produtividade e enfraquecimento de importantes empresas estatais.
- Falência de milhares de pequenas e médias empresas. Atraso em nossa meta de auto-suficiência em produção de petróleo.
- Linhas de metrô, ferrovias e rodovias não construídas, com todas as conseqüências no trânsito das cidades, desperdício de combustíveis, encarecimento do custo dos transportes e complicação da vida das pessoas.
- Projetos interrompidos e construção paralisada de aeroportos, hoje saturados.
- Sistema de telefonia saturado, causando grandes problemas nas comunicações.

- Despoluição de praias e rios importantes, assim como da baía da Guanabara, não realizadas.
- Desenvolvimento do Nordeste retardado e conseqüente manutenção da miséria de grande parte da região.
- Deterioração da ética nos negócios, na política e nos costumes.
- Crescimento do volume da dívida externa, com pagamento adicional de bilhões de dólares de juros, dinheiro que poderia ser empregado no desenvolvimento do país.
- Perda da capacidade de atrair investimentos externos.
- Perda da imagem positiva do país.
- Ocorrência de aproximadamente 10 mil greves que não resolveram os problemas dos trabalhadores e causaram grandes prejuízos na produção, no ensino e na prestação de serviços públicos.
- Ocorrência de duas grandes recessões, causando desemprego, queda do volume de negócios, descontinuidade produtiva e organizacional.
- Decadência de instituições importantes para a sociedade como a justiça, o ensino e a previdência social.
- Extinção do BNH, instituição que foi muito útil ao país.
- Decadência do futebol, alegria de um povo sofrido.
- Venda de craques de futebol, vôlei e basquete para clubes de outros países.
- Milhares de viagens de turismo não realizadas.
- Milhares de projetos culturais não desenvolvidos.
- Milhares de espetáculos artísticos não apresentados.
- Milhões de livros não lidos.
- Agravamento dos problemas culturais da sociedade.
- Degradação moral nunca vista.
- Surgimento de muitas organizações corporativas destinadas a defender privilégios em detrimento do progresso do país.
- Perda de fé, otimismo e alegria do povo brasileiro.

Mesmo estando longe de esgotar a relação, verifica-se que foram perdas de grande intensidade e significação e de todos os tipos: materiais, sociais, políticas, culturais, de qualidade de vida, de vidas humanas; perdas em termos de realização pessoal e profissional, perdas tecnológicas, de qualidade de serviços, de produção e produtividade, perdas organizacionais, perdas morais.

Dentre as causas principais e imediatas da crise que têm nos causado tantos males, duas foram de origem externa — dois choques do petróleo e elevação exagerada dos juros bancários internacionais que fizeram aumentar muito nossa dívida. A crise, porém, poderia ter durado menos, talvez cinco anos. Se ela já se prolonga por doze anos, é por responsabilidade das elites: políticos, empresários, líderes sindicais, jornalistas, economistas, juristas, intelectuais influentes, etc., que não quiseram colocar o interesse maior do país em lugar de seus interesses particulares e partidários, ou que não se dispuseram a fazer concessões às suas idéias, ranços, preconceitos e ideologias.

3. A RESPONSABILIDADE DAS ELITES

A evolução do mundo tem tornado o tecido social mais complexo e determinado a prevalência de uma sociedade democrática e pluralista. Tal fenômeno implica distribuir funções, papéis e responsabilidades para todas as instituições sociais e para os diversos setores das comunidades. Cresce a condição de interdependência e complementaridade. Essas instituições e setores devem assumir a co-responsabilidade pelos assuntos de interesse da coletividade e pelo bem comum, dos quais são agentes e beneficiários.

Pois muito bem, as elites brasileiras têm dado mostras de aceitar uma sociedade democrática e pluralista, mas nem tanto de assumir as responsabilidades daí resultantes. Têm reivindicado muita autonomia, direitos e liberdades, mas não demonstram disposição de assumir seus deveres e de rever princípios, conceitos e posturas. Na verdade, continuam transferindo em demasia responsabilidades para as autoridades constituídas, revelando ainda elevado grau de atitude omissa e escapista. Pelo fato de o Brasil ter forte tradição de autoritarismo, centralização de poder e de paternalismo de Estado, as elites que dominam as empresas e têm influência nas organizações classistas e políticas, na imprensa, nas artes, na religião, na ciência, na educação, no esporte e em outros setores, desenvolveram um tal condicionamento de dependência de governos, que hoje manifestam alguns conflitos de comportamento no que se refere a sua conduta e obrigações sociais.

Para ser mais claro: as elites, muitas vezes se beneficiando da situação, ajudaram a criar a maioria dos problemas crônicos do país, ou pouco fizeram para evitá-los, e agora não se mostram suficientemente dispostas a ajudar a resolvê-los. Estão dificultando, criticando e reclamando muito dos governos e oferecendo pouca contribuição para a solução das crises.

As elites — cada representação delas a seu modo e em sua área de influência — ajudaram a eleger maus governos, a corromper e formar grupos corporativistas no sistema estatal; prestigiaram e apoiaram regimes autoritários, assim como prestigiaram excessos do sindicalismo; criaram dificuldades para o desenvolvimento da educação e da cultura, dificultaram o combate à inflação; têm favorecido a manutenção do baixo nível da política, entre muitos outros exemplos de influência e apoio negativos.

As elites dispõem de condições, mecanismos e instrumentos para se salvaguardarem e se defenderem de responsabilidades e omissões. Assim como dispõem de facilidades para acusarem, criticarem e pressionarem. E, assim, tentam transferir a maior parte da culpa para os governos e para a população. Aos governos podemos atribuir parcelas de responsabilidade pelas crises. Mas estendê-las ao povo constitui uma injustiça. É pouco criterioso generalizar a culpa, através de expressões do tipo "o povo tem o governo que merece". É preciso que se saliente também que o povo tem se revelado mais ajuizado e sensato do que a maior parte das elites. Tem procurado acertar no voto e tem sabido suportar com resignação e dignidade as dificuldades do país.

As elites possuem um débito a ser saldado na contabilidade social. Elas usufruíram de subsídios, protecionismos, privilégios, acordos e não se dispuseram a colaborar nas horas em que a nação mais precisou delas. Só começam a cair em si e a perceber que devem mudar a postura no momento em que verificam que também começam a perder com a crise, tal a sua persistência e gravidade. Apesar de tudo, se vêem agora diante de uma boa oportunidade para se redimirem, ajudando o Brasil a sair da condição em que se encontra, a reencontrar seu caminho de progresso e, sobretudo, ajudando a acabar com nossa triste e lamentável realidade social. Boa parte das elites parece já ter-se conscientizado de que é inevitável buscar o entendimento nacional e convergência de objetivos. Que todas as suas representações precisam fazer algum tipo de concessão para chegar-se aos acordos necessários. Falta, porém, um pouco mais de vontade.

4. COMO CONSIDERAR A QUESTÃO EDUCACIONAL

Com grande freqüência se ouve de pessoas, de diversas classes sociais, a afirmação um tanto vaga e genérica — que chega a constituir um chavão — de que "o Brasil só vai pra frente o dia em que o povo tiver mais educação". Embora não especifique o tipo de educação, por falta até de clareza da idéia ou conceito, é possível deduzir que tem a ver com o ensino formal fornecido pelas escolas de primeiro, segundo e terceiro graus. Se a maioria dos brasileiros tivesse maior escolaridade poder-se-ia garantir que o país apresentaria menor índice de inflação, menor grau de corrupção, melhor eficiência das organizações e menor obsoletismo das instituições? Se assim fosse, a Argentina, de povo mais escolarizado e, em certos aspectos, mais educado do que o nosso, não teria tido problemas semelhantes aos do Brasil, também por muito tempo.

As pessoas que assim pensam superestimam a capacidade de educar de nossas escolas. Mesmo que elas não se mostrassem decadentes, o currículo escolar vigente privilegia uma determinada cultura geral, parte dela servindo apenas de base para prosseguimento de estudos e outra parte sem maior utilidade para a vida prática. As escolas convencionais de 1º e 2º graus estão, regra geral, mais voltadas para proporcionar conhecimentos gerais do que para educar, no sentido de desenvolver mentalidade e princípios, formar hábitos saudáveis e caráter.

A contribuição que o ensino e a educação podem oferecer para solucionar os problemas mais crônicos do país e, ao mesmo tempo, favorecer o seu progresso é muito grande, sem dúvida, mas se seus objetivos, processos e meios forem adequadamente estabelecidos e cumpridos. Como pré-condição para tornar-se um país evoluído, em todos os aspectos, o Brasil precisará certamente acabar com o analfabetismo, oferecer oportunidade de estudo continuado a um maior número de pessoas e melhorar a qualidade do ensino. Mas isto não atende às nossas necessidades mais prementes. Prioritariamente, estamos precisando mais de educação — processos e campanhas destinados a toda a população e direcionados para mudança de mentalidade, hábitos e posturas — do que de instrução pura e simples.

Urge empreender um grande movimento de educação política, social, cívica e moral. Esse movimento deve objetivar a preparação e o incentivo da população para assumir sua cidadania; uma ampla conscientização destinada a preparar a sociedade para vencer seus principais inimigos já identificados: as doenças culturais, as fraquezas das instituições, a inflação, a má distribuição da renda, a crise moral, a decadência das organizações de previdência, ensino e saúde, etc.

Para esse grande movimento de educação, haverá necessidade de um mutirão nacional, envolvendo a participação de todos os setores da sociedade: os meios de comunicação, as lideranças organizacionais e comunitárias, os religiosos, os militares, os esportistas e artistas. Todos deveriam se transformar circunstancialmente em educadores, escolher e carregar uma ou mais bandeiras e engajarem-se em campanhas de orientação, informação, sensibilização, conscientização e estímulo.

Se estamos enfatizando a necessidade de uma ampla campanha educativa, com envolvimento de todo o potencial de liderança e comunicação da sociedade, é porque estamos convencidos de que não restam outras opções ao Brasil que lhe permitam recuperar o tempo perdido, recompor os estragos materiais e morais feitos pela crise, conseguir obter mais rapidamente as condições para voltar a progredir, e ainda evitar o sacrifício desta e de outras gerações.

Parece-nos oportuna esta afirmativa do grande estadista inglês Winston Churchill: "As pessoas que vencem neste mundo são as que procuram as circunstâncias de que precisam. E, quando não as encontram, as criam". É perfeitamente possível substituir, na citação acima, a palavra *pessoas* por *sociedade*.

5. INVERSÃO NA PROGRAMAÇÃO DAS TVs.

O Brasil terá muito a ganhar, culturalmente, se alguns programas de televisão do final de noite e início de madrugada substituírem outros do chamado horário nobre. Acreditamos não ser necessário citar esses programas. Mais uma vez fica demonstrado quanta inversão de situações e valores existe. Programas de TV que deseducam e contribuem para a manutenção ou aumento da mediocridade ocupam os horários nobres. E os programas que proporcionam desenvolvimento da cultura e da inteligência são apresentados nos horários em que as pessoas que mais se beneficiariam com eles estão dormindo, por necessidade de levantar cedo.

6. INSPIRAÇÃO NA OLIMPÍADA

Estamos terminando a redação deste livro coincidentemente no mesmo dia da abertura das olimpíadas de Barcelona, em 25 de julho de 1992. Ao assistir às belas e emocionantes cenas que compuseram a programação de abertura desse evento, não resistimos ao impulso de fazer algumas associações entre as mensagens criadas pelos promotores da festa, com mensagens que gostaríamos de sintetizar aqui. A cena em que uma gigantesca bandeira da amizade cobriu todos os atletas que se encontravam perfilados no estádio nos fez imaginar uma imensa bandeira representando o espírito de cidadania cobrindo todos os brasileiros, em cada canto do país. Ao assistir à cena em que doze grupos de espanhóis construíram muralhas humanas, simbolizando a união das doze nações que formam a nova comunidade européia, imaginamos as diversas associações civis, religiosas e militares se unindo e se organizando para se tornarem mais participativas, objetivando ajudar a construir a tão sonhada grande nação brasileira.

A olimpíada, vale lembrar, é a mais bonita e significativa festa da humanidade. Ela lava nossa alma contaminada por tanta pobreza, conflitos e tristezas que o mundo apresenta, com o espírito de paz, alegria, amizade e fraternidade que irradia. É o único acontecimento em que o ser humano mostra todas as suas virtudes.

A olimpíada, de modo especial, nos estimula a vontade de SUPERAR OBSTÁCULOS e de VENCER.

impresso na
**press grafic
editora e gráfica ltda.**
Rua Barra do Tibagi, 444
Bom Retiro – CEP 01128-000
Tels.: (011) 221-8317 – (011) 221-0140
Fax: (011) 223-9767

————————— dobre aqui ——————————

ISR 40-2146/83
UP AC CENTRAL
DR/São Paulo

CARTA RESPOSTA
NÃO É NECESSÁRIO SELAR

O selo será pago por

05999-999 São Paulo-SP

————————— dobre aqui ——————————

summus editorial
CADASTRO PARA MALA-DIRETA

Recorte ou reproduza esta ficha de cadastro, envie completamente preenchida por correio ou fax, e receba informações atualizadas sobre nossos livros.

Nome: _____ Empresa: _____
Endereço: ☐ Res. ☐ Coml. _____ Bairro: _____
CEP: _____ - _____ Cidade: _____ Estado: _____ Tel.: ( ) _____
Fax: ( ) _____ E-mail: _____
Profissão: _____ Professor? ☐ Sim ☐ Não Disciplina: _____ Data de nascimento: _____

1. Você compra livros:
☐ Livrarias ☐ Feiras ☐ Administração, RH
☐ Telefone ☐ Correios ☐ Comunicação
☐ Internet ☐ Outros. Especificar: _____

2. Onde você comprou este livro?
_____

3. Você busca informações para adquirir livros:
☐ Jornais ☐ Amigos
☐ Revistas ☐ Internet
☐ Professores ☐ Outros. Especificar: _____

4. Áreas de interesse:
☐ Educação ☐ Administração, RH
☐ Psicologia ☐ Comunicação
☐ Corpo, Movimento, Saúde ☐ Literatura, Poesia, Ensaios
☐ Comportamento ☐ Viagens, Hobby, Lazer
☐ PNL (Programação Neurolinguística)

5. Nestas áreas, alguma sugestão para novos títulos?
_____

6. Gostaria de receber o catálogo da editora? ☐ Sim ☐ Não

7. Gostaria de receber o Informativo Summus? ☐ Sim ☐ Não

Indique um amigo que gostaria de receber a nossa mala-direta

Nome: _____ Empresa: _____
Endereço: ☐ Res. ☐ Coml. _____ Bairro: _____
CEP: _____ - _____ Cidade: _____ Estado: _____ Tel.: ( ) _____
Fax: ( ) _____ E-mail: _____
Profissão: _____ Professor? ☐ Sim ☐ Não Disciplina: _____ Data de nascimento: _____

summus editorial
Rua Itapicuru, 613 – cj. 72   05006-000   São Paulo - SP   Brasil   Tel.: (11) 3872 3322   Fax: (11) 3872 7476
Internet: http://www.summus.com.br   e-mail: summus@summus.com.br

cole aqui